Le globish

Groupe Eyrolles
61, bd Saint-Germain
75240 Paris Cedex 05

www.editions-eyrolles.com

Gratitude et remerciements.

Ce livre fait suite à la parution, et aux multiples rééditions de *Dont speak English, parlez Globish*, publié en 2004 par les éditions Eyrolles à ma signature.

Il en reprend le concept, qui se trouve maintenant enrichi et documenté de dix ans de remarques, d'apports, de commentaires de centaines de milliers d'internautes depuis ce premier ouvrage. Je les remercie sincèrement pour la richesse de leurs contributions et de leurs observations, ainsi que pour les courriers que nous avons échangés.

Le contexte international a aussi beaucoup changé, et méritait une rédaction repensée et actualisée.

L'ouvrage paru en 2005, *Apprenez le globish* offrait une méthode d'apprentissage novatrice de cet anglais élémentaire mais suffisant. Je l'avais produit avec l'aide de deux coauteurs devenus partenaires et amis, Jacques Bougeon, de Montagis, et Philippe Dufresne du Québec. Je leur redis ma gratitude pour les participations de cette époque, encore valides aujourd'hui et qu'ils m'ont autorisé à reprendre dans le présent ouvrage.

Bonne lecture, et tous mes vœux de progrès en communication internationale grâce au globish.

Jean-Paul Nerrière

Le globish

L'anglais suffisant pour briller en toute situation

Nouvelle édition

EYROLLES

*À la pucelle de Domrémy et d'Orléans,
sans laquelle tout le monde aurait parlé français,
et le globish n'aurait donc pas vu le jour.*

Sommaire

Prologue et mise en scène

Le globish, c'est quoi ? Ça sert à quoi ?

C'est un outil, un ustensile permettant la communication internationale la plus efficace, la plus respectueuse et la plus économique. Inspiré et dérivé de l'anglais, mais tactiquement limité, il est l'objet de publications en une vingtaine de langues maintenant. Sa promotion mondiale est assurée par une fondation à but non lucratif basée en Australie, à Melbourne, The Globish Foundation. Son site est accessible sur http://globishfoundation.org. Cette fondation dont je suis à l'origine et encore administrateur (« *director* » en globish), est présentement présidée par Madame Liddy Neville.

Au lendemain du Brexit, et donc au crépuscule de l'hégémonie linguistique des Grands-Bretons dans les institutions européennes, ce globish devrait être promis sur notre continent à un destin d'une tout autre ampleur : un moyen d'expression partagé par tous, dans lequel personne n'est plus égal que les autres, quels que soient les passeports et les décrets de naissance. Nous verrons qu'il est temps de décider ici d'une politique innovante, et de se l'imposer.

Le globish sert surtout à comprendre et se faire comprendre partout dans le monde, et pas seulement avec les Angloricains. Il sert à comprendre et se faire comprendre partout dans le monde et pas seulement avec des Angloricains. Il vise à vous désinhiber et à restaurer votre confiance en vous.

Ce n'est pas une langue, mais ça marche et c'est un dérivé limité mais suffisant de l'anglais (dont vous n'aurez alors plus besoin). « *Globish is enough, more than globish is to much* ».

Cette idée du globish m'est venue en 1989, à une époque où j'étais l'un des deux vice-présidents d'IBM États-Unis, responsable du marketing international de cette immense société basée à White Plains dans l'État de New York. Dans cette position, jamais occupée avant moi par un non-Américain, je débutais par un premier voyage au Japon, en Corée du Sud et à Hong Kong. Stupéfaction : j'y constatais que mes échanges, verbaux comme écrits, avec les responsables locaux étaient plus fluides, plus confiants, et surtout plus efficaces que ce que j'observais entre eux et les collaborateurs américains qui m'accompagnaient.

Comment était-ce possible, alors que la maîtrise de l'anglais était subélémentaire pour les dirigeants visités comme pour moi, tandis qu'elle était supposée parfaite chez les Américains ?

C'est que ces Japonais, Coréens et Chinois utilisaient un anglais limité, et que, étrangement, leurs limitations spontanées coïncidaient assez bien avec les miennes. Aucun de nous ne savait dire en anglais « *soutane* », « *têtard* », « *passoire* », « *mousqueton* », « *jument* ». Mais à quand remonte la dernière fois où vous auriez eu besoin de ces mots dans une conversation internationale ? Il vous est donc inutile de les connaître en anglais, à moins d'être un professionnel du clergé, des batraciens, de la cuisine, alpiniste ou encore vétérinaire… Et, si par aventure vous en aviez vraiment besoin, vous utiliseriez une périphrase, une définition : « *the female of the horse* », remplace facilement et sans perte de sens « *the mare, la jument* ».

D'autant plus que 88 % de votre communication en anglais se fera avec des non-anglophones de naissance. Ces derniers connaissent-ils « *ulotrichous* » ? Non ! Vous non plus ? Good news! Vous êtes faits pour vous entendre, et vous y arriverez parfaitement en suivant mes recommandations. Et pourtant le mot « ulotrique » existe aussi en français, et vous rencontrez tous les jours dans la rue des gens qui pourraient être désignés par cette épithète[1]. Vous n'en avez jamais eu besoin dans votre langue maternelle, et à quoi vous servirait-il en anglais ?

Vous utilisez parfois le mot « gaucher » en français. Avez-vous besoin d'apprendre son exacte traduction en anglais ? Pas du tout, il vous suffira de dire « *using his left hand is easier for him than the right* », si vous voulez être précis, ou simplement « *he uses mostly his left hand* ». Vous serez partout compris, et presque partout mieux compris que si vous aviez appris « *leftie* » (dont certains à Vladivostok ou au Caire comprendraient que la personne nommée vote, selon vous, à gauche…).

---

1. Vous l'avez observé déjà, les Gabonais sont le plus souvent ulotriques, et les Japonais généralement léiotriques.

Et, d'ailleurs, vous avez déjà observé que communiquer avec un Italien, à l'aide de votre pauvre anglais, est bien plus facile qu'avec un Londonien, et avec un Portugais qu'avec un Écossais ou un New-Yorkais. Entre barbares non anglophones de naissance, à nous la spontanéité, la tolérance face aux impropriétés, le désir sincère de comprendre plutôt que d'avoir raison, l'oubli des insuffisances, et la certitude de ne pouvoir jamais être ridicules.

D'où l'idée de spécifier une liste de vocables simples, suffisants pour exprimer tous les besoins courants du tourisme ou des affaires : c'est le globish, et sa liste prescrite de 1 500 mots racines, qui forment un « anglais décaféiné », appelé par certains auteurs anglophones « diet English », ou « English light ».

C'est le niveau auquel je souhaite vous voir et c'est celui qui m'a permis une carrière internationale que beaucoup ont enviée. Si vous voulez vous en faire une idée, voire franchement rigoler, allez sur jp@jpn-globish.com, visionnez l'une des vidéos, divertissez-vous. Si vous me comprenez, vous ne pouvez que conclure que tout le monde m'aura assez compris pour faire de moi un dirigeant multinational ; alors, pourquoi pas vous ?

Welcome to the world of globish

Le mot « globish », nom de marque que j'ai déposé en 2003 à l'Institut national de la propriété industrielle, correspond exclusivement à un concept bien précis, mais son sens commun a malencontreusement dérivé dans l'usage courant de notre langue pour désigner un anglais approximatif : c'est la perversion souvent réservée à ce qui devient célèbre et est servi par un vocable à consonance harmonieuse, facile à mémoriser… « globish » n'est aucunement « *broken english* », que nos ancêtres appelaient du « petit nègre ». C'est un anglais parfaitement correct, mais tactiquement limité, à tel point que les anglophones de naissance lisant ou écoutant un propos tenu en globish s'exclament immédiatement « *but, this is just English!* ». En effet, mais c'est l'anglais que vous et moi sommes capables de pratiquer correctement, qu'eux comprennent, mais qu'ils sont incapables d'utiliser régulièrement pour que nous, nous les comprenions également. D'où provient notre indéniable supériorité, puisqu'ils nous comprennent, mais que 88 % de l'humanité souffrante a du mal à les entendre ?

You are going to win… Globish is enough, and more than globish is too much.

Pourquoi communiquez-vous si pitoyablement en anglais ?

D'abord pour des raisons objectives, dont vous êtes victime, mais qui ne vous sont pas singulières.

La première d'entre elles est que les **enseignants du secondaire** ne vous ont pas appris à communiquer en anglais. La plupart d'entre eux proclament que telle n'est pas leur mission. Comme certains me l'ont annoncé explicitement, et en public : « Nous ne sommes pas là pour fabriquer du prêt-à-porter au profit des éventuels employeurs ultérieurs. Nous sommes là pour ouvrir l'intelligence des enfants qui nous sont confiés, et pour leur rendre familière une culture fabuleuse, dont ils profiteront une vie entière. Tous les employeurs éventuels n'ont pas besoin de collaborateurs communiquant efficacement en anglais. Ceux qui souhaitent cette qualification n'ont qu'à former leurs employés : avec le niveau d'ouverture d'esprit dont notre enseignement les aura fait profiter, c'est une affaire de quinze jours, tout au plus... »

Que demander de plus ?

D'ailleurs, un autre objectif transcende légitimement l'espoir d'obtenir de leurs élèves une prononciation pouvant leur permettre, au cours de leur carrière, d'évoluer dans l'arène de la mondialisation. Il s'agit en premier lieu de les faire réussir au baccalauréat, dont les épreuves sont essentiellement écrites, encore au moment où nous publions.

Les élèves ainsi préparés en série S ou ES n'auront aucune épreuve orale d'anglais à l'occasion de cet examen : ils seront sur ce plan évalués en cours d'année, dans le cadre normal de la formation, par les professeurs de leur lycée, collègues immédiats (et copains aléatoirement compréhensifs) de leurs propres enseignants. Ne sont-ils pas tous confrontés aux mêmes difficultés, et à la nécessité de ne pas trop diverger du taux de réussite national moyen au bac (88,5 %[1] en juin 2016) ? Cette évaluation en interne à l'établissement d'enseignement est proche de la situation où vous ne

---

1. Si le taux de réussite est le même, l'année suivante, pour ceux qui redoublent suite au premier échec, seuls 1,3 % des lycéens quittent l'enseignement secondaire sans le parchemin espéré.

communiqueriez en anglais qu'avec votre voisin de palier, ami proche de vos parents : assez vite il comprendrait tout, et réciproquement.

En série L, c'est une épreuve orale à l'occasion de l'examen uniquement pour ceux qui ont choisi la sous-section LV1 ou LV2 (langue vivante approfondie), et qui ont annoncé leur préférence pour l'anglais.

Pour les innombrables baccalauréats technologiques, il semble que seuls les élèves inscrits en section « hôtellerie » et « techniques de la musique et de la danse » soient soumis à une épreuve orale lors de l'examen. Pourquoi donc ? Puisque les autres se satisfont d'une évaluation en cours d'année par les enseignants de leur établissement scolaire ? Serait-ce que l'examen oral serait plus précis, ou plus exigeant pour ceux dont on sait qu'ils seront confrontés à de nombreux étrangers, comme forcément dans les restaurants, brasseries et cafés ? Ou que l'interprétation de chansons américaines et des comédies musicales de Broadway serait quand même plus convaincante avec une prononciation moins extravagante ?

Pour corser encore les choses, l'enseignement institutionnel aura souvent fait appel à votre intelligence, selon le dogme naturel à toute formation. Car tout le monde pensait que vous conduire à comprendre aurait dû vous suffire. L'exposé magistral comme le travail écrit étaient supposés garantir cette compréhension. L'écrit autorise en outre le traitement collectif de toute une classe, tandis que l'oral fait appel à l'expression individuelle : chacun devrait parler à son tour, et les horaires n'y suffiraient pas. *Forget the accent...* Ainsi, sans notion fondamentale de prononciation, chaque fois que vous voyez le mot angloricain « *intercontinental* », vous pourriez le prononcer automatiquement comme son cousin français, « intercontinental » : personne ne le comprendra jamais dans votre bouche, en dehors des francophones.

Cherchez l'erreur !

Soyez-en convaincu, la capacité à communiquer n'est pas l'objectif premier de cet enseignement secondaire, et les leçons s'y focalisent plutôt sur la littérature, les textes, la beauté de la langue. Oscar Wilde, à l'élégance indiscutable et aux sentiments raffinés, a la priorité sur Bill Gates et ses milliards de dollars, sordidement appétissants.

Tous les enseignants ne tombent pas dans le travers ici critiqué. Ceux qui opèrent dans l'enseignement technique, et encore plus dans l'enseignement professionnel, ont souvent une autre préoccupation oppressante, et bien légitime : « Que dois-je faire pour que ce gamin, qui m'a été confié, trouve au plus vite un job en quittant ma salle de classe ? » Car leurs élèves ne vont pas bondir dans l'université forts d'un baccalauréat où l'échec est devenu la rarissime exception. Pour ces enseignants, le but est de faire que la coiffeuse ou la vendeuse se débrouille au mieux, chaque fois qu'elle est confrontée à des clients étrangers. Ces enseignants sont souvent des soutiens du globish, alors que ceux des séries dites « prestigieuses » affirment haut et clair une autre position : « Je n'ai pas fait d'aussi longues et difficiles études pour finir par enseigner un anglais d'aéroport ».

Et si c'était précisément ce dont nos enfants et petits-enfants avaient besoin ? Les parents et les grands-parents votent unanimement dans cette direction, sauf s'ils sont enseignants. Un gouvernement se préoccupant de la performance globale du pays et du destin économique des plus jeunes pourrait y mettre bon ordre. Mais il faudrait pour cela du courage, et la volonté de braver une rébellion du « mammouth », connu pour sa nature colérique et imprévisible, et pour la finesse de son épiderme. Une grève serait vraisemblable, et une inertie larvée inévitable.

Et il serait rétorqué au ministre que les associations de parents d'élèves ne soutiennent pas cette revendication misérablement alimentaire. Il conviendrait d'analyser l'importance de la représentation des enseignants dans les organes dirigeants de ces associations pour mesurer l'indépendance des opinions qu'elles véhiculent... Après tout, ces enseignants sont aussi des parents, qui ne veulent que le bonheur de leurs propres enfants... Et, en plus, ce sont eux qui connaissent le mieux les arcanes du « mammouth » et ont la capacité à y faire progresser les demandes de leurs mandants... Comment éviter qu'ils fassent prioritairement ce qui leur plaît, et qu'en toute honnêteté et loyauté ils considèrent comme le meilleur ? C'est hélas un « meilleur » loin de la réelle solution au réel besoin immédiat.

Autre corporation qui devrait soutenir mon approche : celle des professeurs de la filière universitaire « Langues étrangères appliquées »

(LEA). Cet enseignement conduit à des niveaux licence (Bac + 3) ou master (Bac + 5) et vise la maîtrise pratique de deux langues vivantes. Il est exceptionnel que l'anglais ne soit pas l'une des deux. Le but est d'ouvrir des métiers concrets aux étudiants. Des formations complémentaires aux langues choisies sont donc proposées : marketing, informatique, gestion, économie, etc. C'est une excellente initiative bien en phase avec les besoins actuels et prévisibles de notre monde. Elle mobilise près de 36 000 étudiants dans une cinquantaine d'universités. La préoccupation pressante de déboucher sur un emploi fait souvent de ces enseignants des alliés de la vision du globish.

Un article du *Monde*, toujours tristement d'actualité

Le journal *Le Monde* publiait en octobre 2004 un article à ma signature « L'enseignement de l'anglais aggrave les inégalités ». En voici un extrait disant l'essentiel de la conclusion :

Monsieur Fillon croit-il qu'ainsi nos enseignants, si bien formés et si motivés, s'appliquent à apprendre à leurs élèves la maîtrise de la communication globale ? Allons donc ! Ils leur enseignent, et ils ont raison, la manière de réussir à un examen écrit. Et nous devrions nous étonner de ce que le Français est réputé peu à l'aise face aux étrangers ?… Quel gâchis, et quelle frustration ! Les professeurs sont prêts à faire plus et mieux pour cette nation, mais il faut leur en faire instruction et leur en donner les moyens.

Nous ne nous privons pourtant pas de dire que cette facilité, dans le village global, deviendra un différenciateur important. Les petites annonces de la presse le démontrent tous les jours en spécifiant « anglais courant » ou « bilingue » dans le libellé de leurs demandes.

En fait, les seuls de nos enfants qui arriveront à cette pratique courante sont ceux dont les parents auront pu financer de multiples séjours linguistiques en terre anglophone, malgré le rendement incertain de ces initiatives. En clair, Marie-Adélaïde de Neuilly y parviendra, et s'en servira pour assurer sa place dans la vie économique. Mustapha aux Tarterets, Dialo à la Courneuve seront abandonnés à la noyade au milieu du gué linguistique. Bonne manière de perpétuer l'écart…

Comme démocrate, le ministre de l'Éducation tient rigoureusement à l'égalité des chances. Et, comme ses prédécesseurs, ici il l'oublie. N'est-il pas temps de songer sérieusement à enseigner à tous nos successeurs une langue universelle, dérivée de l'anglais, utile partout dans le monde, suffisante dans sa simplicité, visant le seuil de compréhension et une prononciation acceptable : le dialecte planétaire du troisième millénaire ? Ce serait l'urgence première dans des établissements d'enseignement au fronton desquels un mot fondateur important se trouve logé entre « Liberté » et « Fraternité ».

Mesdames et Messieurs les profs d'anglais, pour votre très grande majorité, vous faites le métier dont vous êtes sincèrement persuadés qu'il satisfait le besoin, mais vous faites aussi le métier qui vous plaît selon les méthodes et les objectifs qu'il vous plaît de définir. Et, fort malheureusement, vous ne faites pas le métier qui permettrait à nos enfants de trouver leur place dans la vie économique, qui aiderait notre pays à triompher dans la compétition mondiale, et qui contribuerait à la régression, tant attendue, du chômage...

Dans votre détermination professionnelle appliquée à la mauvaise campagne, vous ne faites qu'aggraver les inégalités sociales, comme je l'ai démontré dans mon article du *Monde*. En effet, vos élèves sont inopérants dans l'entreprise, sauf si la fortune de leurs parents les a expédiés en terre anglophone pour y acquérir le talent que la génétique ne leur aurait pas conféré. À l'embauche, les enfants de riches ont un avantage marqué face à un critère d'appréciation dont vous êtes nombreux à ne guère vous soucier, mais auquel tient le recruteur sourcilleux. Aux enfants du pauvre est promis le chômage et à ceux des riches l'emploi, dès que l'emploi convoité fait appel à la communication internationale, et que trois réponses à trois questions en anglais suffisent à diagnostiquer la capacité...

Enseignants, réfléchissez à votre mission dans cette existence, à l'usage que vous faites de votre talent : votre contribution est ici attendue, et, à ce jour, elle semble trop encore improbable.

Que vaut l'apprentissage correctif au long de la vie d'adulte ?

■ Un chemin de croix douloureux et incertain

La procédure la plus répandue pour mesurer et qualifier votre capacité à opérer dans l'arène économique et touristique mondiale est maintenant le TOEIC. C'est-à-dire le « Test of English for International Communication ».

Son intitulé dit, sans aller plus loin, qu'il s'agit d'un test de l'anglais (« Test Of English… »), qui pose déjà en principe que la solution ne peut être que l'anglais. Nous avons vu que c'est vrai et faux. Ce dont vous avez besoin n'est ni l'anglais d'Oxford, ni celui de Dallas. Mais un dérivé hybride de ces deux versions, pour aboutir à un outil pratique et suffisant, également étranger aux habitants de ces deux villes, et à tous leurs compatriotes : le « globish ».

Vous faire tester par des anglophones est donc largement illusoire, puisqu'ils s'attendent à votre conformité avec leur propre performance, et ne feront que mesurer la distance vous séparant de leur Olympe ensoleillé. Même si un ouvrage consacré à ce produit proclame « on n'a pas besoin de connaissances pointues en anglais des affaires pour passer le TOEIC[1] ». L'écolier quittant le secondaire, et qui aura bien travaillé son anglais, arrive sur le marché avec un niveau pouvant espérer au mieux un score de 500 à 600 à cet examen vénéré. D'ailleurs, poursuivre des études supérieures à l'étranger est illusoire en dessous d'un score de 550 points. Laissé en jachère, cet anglais ne vaudra plus que 400 cinq ans plus tard, et 300 après dix ans sans pratique ni travail. Or, pour opérer valablement en milieu international à l'aide de l'anglais, il faut présenter un niveau de l'ordre de 750 au minimum, sur une échelle

---

1. *Préparer et réussir le TOEIC*, Eyrolles. Et que veut dire « passer le TOEIC » ? Cela veut-il dire réussir ? Mais que veut dire « réussir » quand le résultat donné n'est pas un nombre par rapport à une moyenne espérée et déclarée adéquate, mais un score que chacun interprète comme il veut en fonction de ses attentes ? L'ouvrage cité contredit d'ailleurs son propre titre en avouant « le TOEIC n'est pas un examen que l'on peut réussir ».

allant jusqu'à 990. Il s'agit là de la version la plus complète du TOEIC, avec une épreuve orale, facturée séparément de la version écrite : quand elle a été demandée par lui, le candidat voit la performance appréciée par des « évaluateurs qualifiés ». Ils sont forcément subjectifs, puisque simplement humains[1]. L'anglais de l'examinateur écossais vous sera impénétrable, alors que celui du Californien vous serait accessible, tout comme dans la réalité des affaires. L'un parlera lentement en articulant, l'autre avalera ses syllabes. Et l'obtention du job rêvé dépendra de leur verdict... *Best of luck!*

Les professionnels tombent assez bien d'accord sur les évaluations suivantes, selon les résultats obtenus à ce test.

Un travail sérieux d'une heure, si possible pas diluée sur une semaine, conduira à une progression de :

- 1 point entre 250 et 600 ;
- 0,9 point entre 600 et 700 ;
- 0,8 point entre 700 et 800 ;
- 0,6 point entre 800 et 900 ;
- 0,4 point au-delà de 900.

---

1. Vous pouvez tester votre anglais face à la définition « suffisante » du globish. Globish vous propose un test *on line* par connexion Internet, depuis votre ordinateur et même votre téléphone portable. Rendez-vous sur www.globish.com, vadrouillez un peu dans le site, et cliquez sur « test » en haut à droite dans la barre bleue. Prenez alors au moins le « preview test » proposé gratuitement dans la rubrique 2. Vous en retirerez une impression de ce qui est ici disponible, un apéritif donc. Puis cliquez sur « get your test password », la dépense sera de 19,95 US$. Si vous voulez une indication vraiment solide, prenez le test trois fois de suite : à chaque fois il sera différent, car il est conçu pour se régénérer. Par un procédé astucieux, et rigoureusement objectif, il examine et note aussi votre connaissance de la prononciation : il ne dit pas si vous prononcez idéalement, mais si vous savez clairement comment un mot doit se prononcer. Les notes seront différentes, comme votre performance dans la vie courante : lundi vous excellez avec un Argentin, mardi c'est la Berezina avec un Irlandais, et jeudi tout est à peu près fluide avec un Canadien d'Ottawa. La moyenne de vos trois résultats vous donnera une impression réaliste et très représentative de votre niveau. Le test TOEIC est facturé (février 2016) 115 € pour la version « listening and reading » votre compréhension passive, et 115 € également pour la version « speaking and writing » mesurant votre capacité active en communication active, et 175,40 € pour la somme des deux. Plus quelques à-côtés, comme 14,40 € pour détenir un certificat. Une dépense de 19,95 US$ (le test globish *on line*) se convertit ce matin en 18 €. Ne vous en privez pas, cela vous donnera une excellente idée, et vous pourrez en parler dans vos interviews d'embauche... Et, en plus, vous aurez appris un peu plus de globish.

Faites le calcul. En partant d'un niveau vraisemblable et moyen de 500, il faudrait 350 heures d'étude et de fréquentation studieuse de l'anglais pour arriver au niveau espéré. C'est l'équivalent de plus de trois années scolaires dans le secondaire. Et, pour mesurer l'effort à envisager, il faudrait additionner les temps de transport pour aller chez l'enseignant, et en revenir. Et il ne faut pas croire qu'à y consacrer d'affilée dix semaines de trente-cinq heures on y parviendrait de manière expéditive.

Un gavage aussi inefficace qu'inutile

Une langue ne s'apprend pas par gavage et l'accumulation ne permet pas davantage de faire plus vite que la présentation simultanée d'hommages empressés à neuf épouses ne permet de faire un bébé en un seul mois. Si vous avez tout laissé à l'abandon depuis votre secondaire, avec un niveau vraisemblable de 300 au TOEIC au départ, c'est 550 heures de cours qu'il vous faudrait. L'équivalent d'au moins cinq ans sur les bancs du collège et du lycée.

Certains enseignants du secondaire ne m'ont-ils pas déclaré que quinze jours allaient suffire ? Vous étonnez-vous encore de votre médiocrité ? Où trouveriez-vous ce temps ? Il s'agit ici de l'équivalent de trois à cinq années scolaires à raison de trois heures d'anglais par semaine, avec des objectifs, des ambitions et des méthodes totalement différents. Car vous avez déjà vu le résultat des sept ans que vous y avez consacrés pendant votre adolescence, à l'âge où apprendre et mémoriser était si facile…

▪ Les formateurs pour adultes se trompent aussi d'objectif

Certes, les professionnels décidés à compenser par la suite l'erreur d'orientation de l'Éducation nationale ne manquent pas. Ils seront trop heureux d'accueillir aussi les lecteurs de ce livre, pour leur distribuer l'enseignement dont ils auraient besoin. Leur gagne-pain et par voie de conséquence leur jubilation proviennent de cette lacune dans laquelle persévèrent la plupart des professeurs de vos enfants : passer à la trappe l'utilité économique (et donc fâcheusement mercantile) de la communication. L'objectif de ces formateurs tardifs ne sera en effet nullement de vous enseigner un anglais suffisant, mais bien le meilleur et plus parfait anglais possible, idéalement proche du leur, si, comme souvent, ils sont anglophones de naissance : leur rémunération sera ainsi assurée par votre fidélité à l'horizon de votre vie entière, ou au moins de votre longue carrière. « *A lifetime project...* » Quoi de meilleur et de plus profitable qu'un client captif, « *addicted* » ? Qui préférerait égorger la poule aux œufs d'or en vous recommandant quelque chose d'élémentaire mais démontré suffisant, et de bien moins laborieux à acquérir ?

La conviction de ces enseignants n'est d'ailleurs pas critiquable ici : elle est totalement sincère et provient de la certitude, très largement admise, que votre communication sera d'autant plus efficace que votre maîtrise de la langue et de sa prononciation sera plus proche du standard imprimé par les Angloricains : parler l'anglais de la reine, de Mickey Mouse, voire de Wall Street. C'est malheureusement le meilleur moyen pour y consacrer une fortune, et être aussi mal compris à Moscou, Valparaiso ou au Caire que les Écossais, les souris souriantes en culotte rouge, ou les cow-boys qui font de la publicité pour les cigarettes Marlboro. Alors qu'il faut et qu'il suffit de pouvoir parler et discuter à Bangalore, capitale indienne des technologies de l'information, et avec les Pakistanais ou Chinois voisins et collègues des soixante mille Français, installés au sud de San Francisco dans la Silicon Valley.

La conclusion est que l'immense majorité de nos trente-cinq mille enseignants du secondaire, et la quasi-totalité des entreprises privées cherchant à compenser tardivement les insuffisances de leur enseignement, auront intérêt à dénigrer le globish, et à vous démontrer que ce n'est pas ce dont vous avez besoin. Ne soyez donc pas surpris, maintenez votre curiosité, et formulez votre propre jugement, comme les internautes aux un million deux cent mille visites sur mon site français www.jpn-globish.com, et à peu près autant sur le site international www.globish.com.

Je viens de traiter des difficultés objectives, qui vous sont extérieures. Il est temps de vous aider à comprendre **les difficultés subjectives, celles qui vous sont propres.**

Pourquoi n'avez-vous pas appris plus tôt ?

Enfant vous auriez appris l'anglais avec une facilité analogue à celle qui a fait du français votre langue maternelle : sans effort pour la communication élémentaire et efficace dont nous débattons ici, et surtout avec un accent irréprochable. C'est que votre capacité d'imitation, votre oreille, et vos organes de la voix n'étaient pas encore figés dans leur configuration d'adulte.

Pas encore corseté dans les sons de votre langue, au même petit âge, vous arriviez à imiter tous les phonèmes, tous les sons éloignés de ceux que vous connaissez aujourd'hui. Chaque langue a ses sons propres, et nous y reviendrons dans cet ouvrage pour les particularités de l'anglais.

Le problème est empiré par la nature même du français. C'est une langue sans accentuation notable : dans un mot de quatre syllabes, aucune n'est sensiblement prononcée avec plus d'insistance que d'autres. Et, s'il en existait vraiment une, placer l'insistance sur une autre ne nuirait en rien à la compréhension. Or, c'est tout le contraire en anglais.

Votre difficulté à reproduire cette accentuation tonique quand vous parlez provient de votre difficulté à entendre, à repérer les syllabes accentuées quand vous écoutez l'anglais, et aussi du fait qu'on vous a fait apprendre l'anglais en ingurgitant des listes de mots sans que la syllabe accentuée ne s'y trouve indiquée.

La conclusion, à ce stade, est que l'aspect écrit de la langue vous aura toujours handicapé. Les langues, comme les lapins, s'attrapent par les oreilles. Il vous faut donc découvrir les mots par le son, avant de les découvrir par l'œil. C'est ce que vous avez fait en français. Vous ne saviez encore ni lire ni écrire quand Papa vous disait : « Ne mets pas tes doigts dans ton nez » et vous avez ainsi appris les mots « doigt » et « nez » avant de les voir écrits.

Le temps est venu d'une approche nouvelle : neuf procédés à appliquer

En dehors de l'étude que nous mettrons à votre disposition plus loin, en vingt-six étapes, et qui demeure indispensable, il est essentiel que vous fassiez entrer dans vos oreilles la musique de la langue anglaise.

■ Écoutez en boucle votre chanteur préféré de langue anglaise

Choisissez un chanteur anglophone dont vous aimez les mélodies, mais dont vous ne comprenez guère les paroles. Prenez-en un qui vous semble articuler correctement et qui aura enregistré à un rythme plutôt lent. Les crooners des années 1970 à 1990 font en général très bien l'affaire, mais peuvent sembler ringards à plus d'un lecteur. Peu importe, vous en sélectionnez un, vous téléchargez ou vous vous procurez un CD ou un DVD. Tous les dimanches vous enregistrez une chanson dans votre lecteur MP3 ou votre smartphone. Ensuite, toute la semaine, vous l'écoutez, en boucle, dans les transports en commun, en voiture (sans oreillette et sans lecteur MP3 dans la main[1]), pendant votre jogging ou vos exercices de musculation. Vous enregistrez ainsi progressivement dans votre mémoire des paroles qui ne veulent rien dire pour vous. Au bout d'un court moment, vous commencez à chanter en même temps que la musique se joue. Les syllabes accentuées vous seront apparues sans effort, et vous les aurez aussi mémorisées... Vous continuez, vous apprenez la chanson par cœur, toujours sans rien comprendre, jusqu'à la savoir absolument par cœur, en imitant très précisément ce que vous avez entendu.

Si une trace écrite pouvait vous aider, et que vous en ressentiez le besoin, une seule solution à ce stade : vous écrivez ce que vous entendez dans votre phonétique personnelle, juste de manière à retrouver les sons si votre mémoire est défaillante. Surtout, ne faites aucun effort pour imaginer ce que serait probablement l'orthographe en anglais, ce serait

---

1. http://www.securite-routiere.gouv.fr/connaitre-les-regles/reglementation-et-sanctions/telephone

contre-productif. Vous écrirez comme vous entendez, selon votre inspiration. Ce sera ridicule et grotesque, bien loin de l'anglais, bien bien loin, mais ce sera efficace.

Quand vous savez tout par cœur, sans plus regarder ces notes pittoresques qui ne serviraient à personne d'autre qu'à vous, vous allez enfin sur votre moteur de recherche Internet et tapez « *song lyrics* ». Vous trouverez des pages et des pages de sites mettant à disposition ce service, et vous y découvrirez les paroles écrites de ce que vous avez appris, dès que vous y aurez tapé votre titre. Et à ce moment précis, vous comprendrez subitement ce que vous avez chanté. Vous serez stupéfait, et vous mesurerez l'écart entre ce que vous lisez et ce que vous prononcez. L'important, c'est que vous le prononcez déjà, et sans doute déjà bien, avec le rythme et les bonnes syllabes accentuées, et d'autres avalées ou inaudibles. Si vous procédiez à l'envers, comme vous l'avez toujours fait, en particulier avec vos enseignants, vous prononceriez tous ces mots comme vous les verriez écrits, et ce serait éternellement mauvais.

Certes, des mots seront, à ce moment et dans leur forme écrite, incompréhensibles. L'important n'est pas qu'ils soient encore absents de votre vocabulaire tout neuf, l'important est seulement que vous sachiez les prononcer assez correctement pour être compris : vous avez éduqué vos lèvres, votre cavité buccale, votre larynx, votre langue. N'imprimez pas ces paroles, étudiez-les sur l'écran de votre ordinateur. Vous verrez un peu plus loin dans ce livre la seule bonne manière d'étudier un texte écrit (logiciel gratuit « Wordweb »).

La partie enseignement de ce livre, dans les chapitres ultérieurs, vous propose de telles chansons, et vous en trouverez les paroles dans notre site, mais vous pouvez tout aussi utilement faire un choix différent (chapitre « Prononciation : la génératrice des sons »).

■ Regardez des films anglais sur votre PC

Procurez-vous des films en anglais produits en Grande-Bretagne ou aux États-Unis, voire à Bollywood. Avant d'acquérir le DVD, ou de télécharger, assurez-vous que la version en langue originelle est bien disponible

ET que vous pouvez y associer des sous-titres EN ANGLAIS. Ne commencez surtout pas à regarder les sous-titres en français, histoire de mieux comprendre : vous perdriez tout votre temps.

Pour commencer, vous regardez une fois le film en anglais, sans sous-titre aucun, et vous serez surpris de voir que, dans un film inconnu pourtant, vous comprenez déjà beaucoup de l'intrigue, même si nombre de dialogues vous échappent. Puis une deuxième fois, sans laisser passer du temps entre les deux exercices, avec maintenant les sous-titres en anglais. Là aussi une jolie surprise vous est promise. Vous trouverez incroyable que les sons et prononciations entendus deviennent les textes que vous voyez. Là où un mot vous est inconnu, vous pouvez le noter sur un papier, pour recherche ultérieure. Si vous n'avez pas encore compris grand-chose, passez à une troisième reprise le film, avec, cette fois, les sous-titres en français. Vous aurez ainsi fait le tour, et très heureusement travaillé pour éduquer vos oreilles.

■ Visionnez des vidéos en anglais sur YouTube

Faites la même chose avec YouTube. Cherchez sur Internet :

https://www.youtube.com/results?search_query=films+anglais+sous+titr%C3%A9+anglais. Vous y trouverez une vaste quantité de films en anglais à visionner sur votre ordinateur. Et ici vous sont proposés les sous-titres en anglais que je vous recommande. Il faut parfois les activer en cliquant sur une petite icône quelque part dans l'écran, « subtitles » ou « captions », le plus souvent en bas de l'image. Multipliez les essais, car certains, même avec sous-titres, sont vraiment difficiles à digérer. Pas de problème, passez au suivant, c'est gratuit.

■ Écoutez la radio Voice of America

Utilisez la radio Voice of America (VOA) sur votre ordinateur. Sur votre moteur de recherche, Google ou autre, demandez « *voice of america special english website* ». Quand vous y êtes, cliquez sur « *let's learn english* », et vous trouverez nombre de petits programmes, articulés avec grande application, et munis de sous-titres. Ou bien « *level one* », ou « *level two* », ou « *level three* », selon votre niveau. Le tout est dans un anglais simple, d'autant plus proche du globish que VOA a contribué à en inspirer le concept. Son « special English » est aussi une version allégée de l'anglais, également avec 1 500 mots, mais les listes ne coïncident que partiellement, VOA ayant besoin de quantité de vocables sur le terrorisme, la guerre ou l'économie, dont le globish doit se passer. Le texte vous y est généralement donné en sous-titres, et en texte total à la fin, complété d'explications sur quelques mots considérés comme un peu plus rares qu'attendu.

Le menu audio vous en donnera encore plus. L'idéal, dans cette section, est d'écouter sans regarder le texte qui est simultanément disponible, puis quand c'est terminé, de revenir au début, et d'écouter alors en suivant le texte. Encore bien des surprises pour vous. Vous utiliserez « Wordweb » pour élucider les mots que vous ne comprenez pas : explications plus tard.

Les sujets débattus sont innombrables, et vous pouvez profiter de plusieurs d'entre eux tous les jours. Évidemment, c'est un organe étatsunien, et vous ne devez pas vous attendre à y voir critiquer frontalement la Maison Blanche, le Capitole ou le Pentagone. Mais c'est soigné et la pédagogie ici conseillée est efficace.

■ Ayez un correspondant étranger sur Skype

Le rêve ici est en plus de trouver un correspondant étranger dans la même recherche que vous, et de communiquer régulièrement avec lui sur Internet, avec son et vidéo, par exemple avec Skype. Cette facilité, gratuite, autorise des conversations de longue durée. N'espérez pas trop trouver l'oiseau rare parmi les anglophones de naissance : ils n'auraient ni plaisir ni intérêt à discuter avec vous, et à vous entendre ânonner dans leur langue. Vos efforts méritoires auraient de la peine à les mobiliser. En revanche, un Japonais ou un Brésilien peuvent vous apporter beaucoup. Certes, ce n'est pas leur prononciation qui vous aidera, mais la nécessité pour vous de formuler en anglais d'une manière intelligible pour eux, de construire des phrases et de les rendre simples, de choisir les mots élémentaires qui leur sont familiers : tout ce que recommande le globish. En outre, vous verrez vite que vous y arrivez, que vous comprenez votre interlocuteur et qu'il vous comprend. Immense victoire pour vous, et grand sentiment de confiance en vous, immédiatement.

■ Consultez des sites Internet en anglais en lien avec vos centres d'intérêt

Si vous ne trouvez pas cette personne rêvée, cherchez les forums Internet traitant de sujets conformes à vos curiosités habituelles. À titre d'exemple, vous aimez les roses ? Sur votre moteur de recherche, demandez « Roses Forum », et vous tombez sur des forums anglophones dans lesquels tout le monde discute de ses idées, répond aux questions, renseigne et s'enrichit. Allez-y, lancez-vous, avec votre anglais balbutiant, expliquez en premier lieu que vous êtes français (ce qui vous vaudra un peu d'indulgence, et beaucoup d'estime colorée d'admiration si le forum parle du vin) ; posez des questions, répondez à l'une ou à l'autre si vous pensez pouvoir apporter quelque chose, n'ayez aucune peur. En peu de temps vous verrez que vous y êtes parfaitement à l'aise. Parmi les gens avec lesquels vous établirez une relation, vous en trouverez qui accepteront de discuter avec vous sur Skype, et l'étape précédente sera ainsi ouverte.

■ Devenez comédien

Depuis le site www.globish.com, téléchargez l'ouvrage écrit par mon partenaire américain, David Hon, *Not Quite Shakespeare*. Ce sont de petites pièces à apprendre pour ensuite les jouer. Si vous avez des copains travaillant le globish avec vous, ce sera un exercice très productif et en plus agréable.

■ Lisez, lisez… et lisez en anglais sur le Net

Lire, et lire beaucoup. Car cette partie écrite est aussi très importante, puisque l'éducation et la perméabilité des oreilles ne sont pas tout. L'écriture et surtout la lecture vous aideront à vous imprégner de la structure des phrases, et enrichiront votre vocabulaire. Vous apprendrez beaucoup de mots et de tournures en écrivant et en lisant. La lecture a un avantage et un inconvénient par rapport à l'audio : l'avantage est que vous êtes le seul maître du rythme, vous pouvez revenir sur la même phrase plusieurs fois, et arrêter votre lecture pour prendre une note, surligner de couleur un mot que vous chercherez plus tard dans le dictionnaire adéquat. L'inconvénient est que votre oreille n'y travaille pas, évidemment, mais nous avons abondamment traité de cet aspect il y a quelques pages déjà.

Un livre dédié puis vos auteurs de langue anglaise favoris

Pour commencer, je vous recommande le livre le plus facile à lire. De plus il parle du globish. Et c'est moi qui l'ai écrit conjointement avec mon partenaire et cofondateur de la Globish Foundation, basée à Melbourne : David Hon, résident de Seattle dans l'État de Washington. L'ouvrage est intégralement rédigé en globish, avec un rigoureux respect de la liste des 1 500 mots recommandés. Il est donc très facile à lire. Vous le trouverez sous forme électronique téléchargeable sur www.izibook.com pour la somme de 8,50 euros. Vous le dénicherez sans peine sur : http://izibook.eyrolles.com/produit/587/9782212865424/Globish%20The%20World%20Over.

Vous pouvez aussi l'acquérir en version imprimée et brochée sur Amazon pour 6,44 €. Vous trouverez même des versions usagées pour moins de 4 €. Prenez au moins la peine de vous connecter en googlant « amazon globish the world over », et vous lirez le commentaire enthousiasmé d'un lecteur dont l'identité m'est inconnue. Vous y trouverez quantité d'idées supplémentaires dont l'exposé ferait exploser le format du livre que vous avez entre les mains en ce moment.

Après ce premier ouvrage, l'idée pour vous est ici de sélectionner un écrivain de langue anglaise, et de vous attacher irrévocablement à lui. La plupart des auteurs écrivent effectivement leurs livres, ou travaillent avec un « nègre », et toujours le même pour de simples raisons de confort, d'harmonie, et de performance. Les livres successifs sont donc généralement écrits avec le même patrimoine de mots, plus ou moins riche, plus ou moins exigu. Churchill écrivait avec un vocabulaire de 60 000 mots[1], ce n'est pas le bon auteur pour vous, d'autant plus que la moyenne des anglophones présumés cultivés n'utilise que 5 000 vocables. C'est ce que vous donne le globish, avec ses 1 500 mots racines et leurs dérivés légitimes : les mots anglais procréent d'autres mots par addition de suffixes et préfixes, bien plus qu'en français. Cet aspect sera détaillé plus loin, et son mécanisme sera exposé, pour faciliter votre apprentissage.

Vous vous rendrez vite compte de votre confort avec cet auteur élu, dont les sujets captiveraient votre attention. Si vous aimez la marine, retenez C. S. Forester et les merveilleuses histoires de son héros, Horatio Hornblower, officier de marine qui ne cesse de combattre la Marine française, surtout pendant la période du Premier Empire. À la fin du premier livre, vous connaîtrez tous les mots que cet écrivain utilise, y compris les termes spécifiques aux navires, à la guerre sur mer, et à la navigation. Le reste ne sera que du plaisir, autant et même plus que de le lire en français.

N'essayez surtout pas de comprendre tous les mots un par un. Nous ne sommes pas dans un exercice de version au baccalauréat. Il vous faut enjamber beaucoup de mots dont vous subodorez le sens, sans en être certain, et aussi rapidement que vous le pouvez tant que l'histoire vous captive, et que vous en récoltez assez pour avoir envie d'arriver au plus vite à la fin du chapitre ou à celle du livre. Si un mot inconnu arrive trop souvent, et que cela vous irrite, alors et alors seulement, il faut en rechercher le sens dans un dictionnaire. C'est l'objet du paragraphe que vous allez lire dans les pages suivantes sur « Wordweb ».

L'*International New York Times* *en ligne*

Dans la même ligne, il vous est fortement recommandé de souscrire un abonnement au journal en ligne *International New York Times*. Le titre a remplacé le célèbre *International Herald Tribune*, et est comme

---

1. http://docenti.unimc.it/benjamincharles.pim/teaching/2014/2000004082/files/giurisprudenza/03_10_14.pdf

lui diffusé dans 180 pays. Certes, propriété du *New York Times*, il est plus explicatif que critique des positions politiques ou économiques des États-Unis d'Amérique. En revanche son regard sur la politique, l'économie et l'atmosphère sociale françaises est toujours extrêmement intéressant. Un peu moins dans la passion que leurs confrères français, ses journalistes donnent une vision généralement parfaitement neutre et indépendante des enjeux du moment et du proche futur.

Vous pouvez y accéder en cherchant : http://mobile.nytimes.com/international/, et un choix d'articles d'actualité vous sera déjà proposé, sans facturation.

Et, après cet apéritif, vous devriez vous abonner. Les quatre premières semaines sont facturées 1 euro, et les suivantes 1,38 euro par semaine pour un an. Pour cela, aller sur http://international.nytimes.com/ et cliquer en haut à droite sur « subscribe now ».

Pourtant, pour toutes ces riches idées pratiques, il convient de garder en tête une précaution fondamentale : vous devez éviter de vous procurer des livres ou des journaux imprimés sur papier, mais préférer impérativement des versions électroniques. Vous ne les lirez que sur l'écran de votre ordinateur, ou à la rigueur sur smartphone (c'est moins pratique). Car, avant de vous livrer à ce nouveau passe-temps, vous allez installer sur ces machines un dictionnaire électronique gratuit, « Wordweb » que vous trouverez sur http://wordweb.info/free/. Le produit est alors « résidant » et ne fait plus du tout appel à la connexion Internet, il travaille « off line ». Atout important quand vous voyagez, ou que votre liaison au réseau est médiocre, comme souvent dans les transports en commun qui demeurent un excellent endroit pour travailler par la lecture.

■ Utilisez un assistant personnel de lecture, entièrement gratuit : Wordweb

Une fois en place, et éventuellement paramétré à votre goût pour les manipulations de clavier, vous vous servirez de Wordweb pour éclairer votre lecture. Sur un mot dont vous aimeriez connaître ou préciser le sens, vous posez votre pointeur de souris, et vous faites simultanément clic droit de souris et « Ctrl » qui veut dire « contrôle ». En une fraction de seconde, Wordweb ouvre une fenêtre qui vous donne la (ou les multiples) définition(s), le tout encore en anglais, en séparant ces informations selon que le mot est un substantif, un adjectif, un adverbe, une interjection ou un verbe (« right », « fast » par exemple peuvent être les cinq).

L'accentuation tonique est indiquée pour le mot recherché. Un clic sur une icône représentant un haut-parleur vous donne sa prononciation dans vos écouteurs.

Surtout, et c'est le meilleur apport, non content de vous donner toutes les définitions, Wordweb ajoute une liste des synonymes et des mots de sens voisin ou similaire. Allez-y farfouiller, vous verrez que vous en connaissez plus que ce que vous imaginiez. Si vous cliquez sur l'un d'entre eux, il prend la place du précédent dans la fenêtre, et vous en voyez les définitions, les synonymes, etc.

Si vous allez dans le menu « options », puis « Wordweb Basic English », puis « Basic word list », vous verrez apparaître l'option « Globish ». Cliquez sur cette mention, et dans les listes de synonymes apparaîtront en gras ceux que le globish recommande, et en caractères maigres les autres, trop compliqués. Vous apprendrez ainsi, par extension progressive, les mots préconisés par le globish, en évitant de cliquer sur ceux qui ne sont pas en gras ; il vous est inutile, ou secondaire, de les explorer et de les acquérir.

À ceux qui rédigent et veulent faire simple, cette option est d'un grand secours, elle permet d'éliminer les mots qui, à Dakar ou Kiev paraîtraient trop abscons, et de leur préférer ceux que le globish a homologués.

Toujours et encore *Time spent with english*

Viennent d'être énumérées pour vous quelques recettes pratiques et peu onéreuses. Elles se ressemblent pour la raison qu'elles participent toutes de la même préoccupation. Il s'agit de retrouver et reconstituer à votre profit une autre différence entre votre apprentissage de votre langue maternelle, et l'immense majorité des enseignements qui vous sont proposés pour l'anglais, pour ne pas dire la totalité de ceux que vous avez connus.

Vous parlez aussi impeccablement le français, parce que, dès votre naissance, vous avez vécu avec lui : vous l'avez entendu, vous l'avez compris, vous l'avez bafouillé, vous l'avez parlé, et enfin on vous a appris à l'écrire quelques années après vos débuts. L'une des clés du succès ici a été le temps passé, les heures et les semaines écoulées dans la fréquentation du français.

C'est ce que vous devez viser ici et maintenant, « *time spent with English* », alors que la plupart des enseignements privilégieront « *time spent with the coach* » ou « *time spent with the teacher* », le temps que vous passerez en relation avec l'enseignant, quels que soient son nom et son renom ; ne serait-ce que parce que celui-ci n'est facturé et n'encaisse que quand vous vous trouvez en sa présence, physique ou à distance par le truchement des technologies disponibles. Les méthodes qui vous feraient progresser sans son intervention ne sont donc pas ses favorites, et il a vite fait de se convaincre sincèrement de ce qu'elles ne peuvent pas apporter autant que lui.

Cette vision est erronée, comme le montre la rapidité de progression des francophones déplacés en résidence et milieu professionnel anglophones en cours de vie adulte. L'immersion totale engendre nécessité et urgence d'abord, mais aussi fréquentation de l'anglais à longueur de journée : le résultat est vite impressionnant. Mon épouse m'accompagnait lors de ma première affectation aux États-Unis en 1977. Son anglais s'était trouvé totalement abandonné en jachère depuis le baccalauréat, vingt ans plus tôt. C'est dire s'il était médiocre, pour ne pas préciser inexistant. À son arrivée dans le Connecticut, elle a passé ses trois premiers mois à faire le plus souvent possible des courses avec des voisines américaines, en communiquant à la « va comme je te pousse », mais un peu quand même, et en consacrant absolument tout le reste de son temps à regarder la télévision. Au début sans rien comprendre, et en améliorant tous les jours un peu la compréhension. Elle est arrivée en douze semaines au niveau que vous espérez, celui défini par le « globish » ; et l'a parfaitement conservé depuis, tout juste entretenu par des contacts épisodiques et bien espacés avec de rares anglophones retirés dans notre lointaine Provence.

« *Time spent with English* » est donc la clé, et c'est en multipliant l'usage des recettes énumérées précédemment que vous aurez les résultats les plus fracassants.

LA recette inratable de l'apprentissage globish

- Trois films en version originale (VO) par semaine,

- Une chanson par semaine,

- En permanence un bon livre sur l'écran avec l'une de vos passions ou l'un de vos centres d'intérêt et Wordweb,

- Un peu de Voice of America,

- Le regard des étrangers sur la France avec l'*International New York Times*,

- Quelques copains auxquels écrire, ou avec lesquels vous correspondez grâce à Skype,

- CNN ou BBC World,

Et vous serez surpris par vos progrès ; par leur rapidité, par leur intensité, et par la réconfortante prise de conscience de votre soudaine efficacité.

Et cette pratique doit être quotidienne. Si vous voulez progresser et atteindre le bon niveau, il est impératif que tous les jours, dimanches compris, vous fassiez quelque chose en anglais : un film, une lecture, une chanson, une émission de radio ou de télévision. Ne remettez jamais au lendemain. Votre smartphone ou votre lecteur MP3 vous donnent accès à ce dont vous avez besoin partout ; au minimum utilisez l'outil que vous détenez dans votre poche ou votre sac à main.

L'idée sous-jacente à tout cela est que ce soit divertissant, « *have fun* ». C'est d'ailleurs aussi ce qui vous est arrivé dans votre langue maternelle il y a bien bien longtemps : la vie vous était sans doute particulièrement agréable lors de votre toute petite enfance, quand vous commenciez à découvrir les rudiments de votre langue maternelle. Appliquons-nous à faire de même maintenant pour votre maîtrise au niveau du globish.

La communication, c'est du donnant-donnant : émetteur et récepteur doivent s'ajuster

L'étude assidue des vingt-six leçons que vous allez assimiler ne peut être que complétée par les idées que vous venez de lire ; vous ne pourrez pas faire l'économie de ces leçons à étudier, car le résultat attendu demande forcément de l'effort, et pas seulement de l'amusement.

Il est temps d'évoquer une autre spécificité du concept du globish. Dans le monde que nous décrivons, la responsabilité de la transmission du message repose exclusivement sur les épaules de l'émetteur du message. Si vous n'êtes pas compris, c'est systématiquement de votre faute. Et, si vous ne comprenez pas ce que dit ou écrit votre interlocuteur, c'est de sa faute et non de la vôtre.

Admettez donc que vous devez vous engager, car vous avez ici une obligation de résultat, et non une simple obligation de moyen. Vous ne pouvez pas hausser les épaules et proclamer : « Non seulement je l'ai dit clairement, mais en plus je l'ai complété d'un message écrit. » Si vous n'avez pas été compris, vous n'obtiendrez pas l'exécution des directives que vous avez données, ni le respect du contrat que vous avez signé, ni la signature de celui que vous espérez. Bref, vous aurez tout perdu.

Et admettez aussi que vous pouvez et devez exiger des efforts de vos interlocuteurs pour arriver à comprendre ce qu'ils vous disent ou vous écrivent. Trop de Français sont inhibés par la médiocrité de leur anglais, et évitent ces confrontations, espérant que la phrase suivante éclairera spontanément le contenu de la précédente, dont ils n'avaient pas saisi le sens. C'est faux et c'est nuisible. Au bout d'un moment les retards de compréhensions s'accumulent, et la noyade est inévitable ; on ne comprend plus rien, et on n'ose pas le faire savoir, avec la certitude que le ridicule résulterait de ce honteux aveu, que le ridicule est mortel, et que perdre la face à Paris est aussi insupportable que de la perdre à Tokyo.

Et de même d'innombrables Angloricains barbotent allègrement dans la conviction répandue disant : « L'anglais est ma langue maternelle, je la parle et l'écris à la perfection. C'est la langue de la communication internationale, si tu ne me comprends pas, j'en suis consterné, mais je ne peux malheureusement rien y faire. Je n'ai aucun problème, mais tu en as un, et un grave. » Sous-entendu : « Tu ne me sembles pas faire l'affaire, il faudra que je trouve au plus vite quelqu'un de mieux qualifié, avec qui je puisse travailler. »

Il faut faire comprendre à cet interlocuteur qu'il est l'émetteur du message, et que la responsabilité de le rendre compréhensible est entièrement sienne. Vous lui rendrez en outre service en le guidant dans la correction de sa formulation, et le flatterez en lui montrant l'importance que vous attachez à son propos, et en en réclamant la compréhension, tant vous le savez important puisque venant d'une source éminente : lui. Vous ne devez donc jamais hésiter à vous montrer intraitable sur ce point, c'est vous qui avez raison. Qu'il le comprenne !

Imposer le globish en toutes circonstances

À vous donc de dire : « *Please, stop, I could not understand your point, please say it again.* » Ou, encore mieux « *could you say it in Globish now, not in English* ». Ce qui suscitera une curiosité effarée : « *Globish, wazzat?* » Et vous donnera l'occasion d'une explication circonstanciée sur le concept dont vous lisez en ce moment l'exposé. Vous rendriez un immense service à votre interlocuteur si vous le ralliez à cette cause. Aucune hésitation donc, vous êtes dans votre domaine un professionnel reconnu, ou un client réglant sans rechigner des factures précises, ou un touriste apportant ses devises à un pays qui en a besoin : vous avez donc tous les droits, et le privilège de pouvoir vous imposer sans vous excuser. Profitez-en à chaque occasion, sans confusion ni vergogne.

De votre côté, une fois équipé d'une maîtrise de l'anglais permettant un début de communication, il vous faut mettre en œuvre un nombre limité de techniques qui vont subitement changer votre efficacité. Nous allons en exposer les plus prometteuses. Elles ont peu à voir avec l'apprentissage auquel ce livre veut se consacrer, mais elles le complètent et ne découlent que de l'observation et du bon sens.

La pratique du globish en public : trucs et astuces pour se faire comprendre en toute légitimité

Avec passablement de travail, et beaucoup de temps consacré en vous divertissant, vous allez terminer l'étude de ce livre. Pour en tirer profit, il vous faut assimiler, puis mettre en pratique, un bon nombre de disciplines contribuant à la compréhension de vos interlocuteurs, et qui n'ont rien à voir avec les acquisitions indispensables.

En langue écrite, c'est facile, car le destinataire de votre courrier le lira généralement sur l'écran de son ordinateur ou de son smartphone. Dans les deux cas, il aura installé « Wordweb » et s'en aidera pour les mots ou tournures que vous auriez tolérés malgré leur complexité. Ou que, moins avancé que vous, il ne connaît pas encore.

Qui plus est, en écrit vous n'êtes pas maître du tempo : c'est le lecteur qui fixe le temps qu'il consacre à chacune de vos phrases. Il conserve tout le loisir de la lire plusieurs fois si c'est nécessaire.

Le problème est tout autre à l'oral, d'où les consignes suivantes dont vous devrez bien vous pénétrer.

■ Le prérequis : bannissez à jamais certaines formulations

Quels que soient la personne ou le groupe auxquels vous vous adressez, faites bien comprendre que vous vous considérez comme responsable de la transmission de votre message. C'est pourquoi il est **trois phrases que vous ne prononcerez jamais** : « *Do you understand?* »

et, encore pire et stupidement scélérat : « *You do not understand!* » Et même, abomination de la désolation : « *Don't you understand?* » Car, dans ces dernières formulations, l'interlocuteur entend prioritairement « **YOU** » et a automatiquement le sentiment qu'un index vengeur est pointé sur lui et l'accuse explicitement d'insuffisance. Il lui reste à lever les deux avant-bras à hauteur des yeux pour se protéger des coups dont il attend la correction, motivée par une faute capitale et un réquisitoire sans équivoque : « **YOU** ».

À la place vous direz : « *Am I making myself clear? am I understandable?* » et surtout, si vous notez l'incompréhension, la seule phrase à prononcer, avec un air sincèrement consterné est « *I am sorry, I think I did not make myself clear, let me try again.* »

■ Détendez l'atmosphère

Si vous avez en face de vous au moins un, voire plusieurs non-anglophones de naissance, commencez par les désinhiber. Trouvez, dès que vous le pouvez, le moyen de proclamer que vous avez observé vos limites, qu'elles sont pitoyables, et faites en sorte que tout le monde vous suive et s'en amuse. Un bon éclat de rire à votre propos détendra l'atmosphère, et la suite sera fluide et confiante.

■ Instaurez un code de compréhension avec votre auditoire

Et vous pouvez raconter votre vision, et bien expliquer que c'est à vous d'être compris, mais que c'est à votre auditoire de vous faire savoir quand vous ne l'êtes pas : « *If I cannot communicate efficiently, I need you to tell me. I might speak too fast, and I know my pronunciation is exotic. Well, I am French, nobody is perfect…* »

« *I need you to help me. You must raise your hand if I am not clear enough. I thank you in advance for doing that. Can I count on you for this also?* »

Si vous êtes bien organisé, vous aurez identifié avant la réunion un complice qui se chargera de la première intervention de cette sorte, dès le début de votre performance. Dans les premières minutes, vous introduirez avec le plus grand naturel un mot rare, et loin du globish, dans l'une de vos phrases, si possible à la fin de la phrase. Ce sera un artifice convenu, et le complice lèvera la main pour demander le sens : « *I am sorry, what do you mean with the word "predicament"?* » Ce qui vous permettra de remercier avec effusion, et de dire votre gratitude pour une intervention en ligne avec votre recommandation initiale. Les autres devraient suivre si le besoin en apparaissait.

Vous allez d'ailleurs développer une capacité à décrypter les signes de l'incompréhension sur le visage d'un interlocuteur ou auditeur : les grimaces, les froncements de sourcils provoqués par l'effort de compréhension, les yeux subitement agrandis, vous diront que vous avez largué la personne visée par votre propos. Les chuchotements d'un auditoire transmettront le même message. À vous de vous montrer vigilant à ces signaux discrets, au besoin par des questions visant à sonder la gravité de la situation que vous avez créée, et de vous adapter.

▪ Parlez lentement

Dans les mêmes circonstances, il vous faut parler lentement. Les programmes en « *Special English* » de Voice of America ne sont pas destinés aux Américains, mais aux habitants des Nouvelles-Hébrides, de Catalogne ou du Laos : c'est pourquoi ils sont diffusés avec une élocution délibérément ralentie d'un tiers.

Imposez-vous de faire des pauses, et si possible des pauses longues. Anglophones ou autres, ceux que vous rencontrez auront du mal à comprendre dans l'instant votre prononciation. Il leur faut un temps d'interprétation, tout comme vous en avez besoin à Séoul : le son « R » n'existe pas en coréen, et il vous faut reconstruire dans votre cerveau leur mot « **calliel** » pour le transformer en « **carrier** » si votre ami local n'a pas encore dominé cette inadéquation de ses organes de la voix. Même chose pour vous, le « R » anglais, et surtout américain, n'a rien à voir avec notre « R » français.

■ Répétez deux fois ce qui est important en une phrase courte

En plus, il vous faut prendre l'habitude de répéter deux fois tout ce que vous savez important, trois fois ce qui est pour vous très important. Au mieux en changeant de vocabulaire à chaque fois, sinon en vous contentant de simplement répéter avec les mêmes vocables.

Ce sera facile si vous vous appliquez à ne prononcer que des phrases courtes. Ne dites pas : « *I went to visit Hungary, the capital of which, Budapest, is a wonderful city made of two different cities, Buda and Pest on either side of the river, where many people, tourists as well as citizen will expect to see the great sites which the tour operators keep advertising.* »

Mais dites plutôt : « *I went to visit Hungary. The capital city is named Budapest. It is made of two different cities : Buda and Pest. They are located on either side of the river. Many people go visit Budapest. Both tourists and Citizens have expectations when going to Budapest. They want to see the great sites. These sites are very often advertised by the tour operators.* »

D'ailleurs, plus la phrase est courte, et moins les fautes grammaticales sont probables. Vous avez tout à y gagner. Le pire réside dans les incises, inaccessibles à un étranger non anglophone, et même aux anglophones.

En outre, plus la phrase est courte et meilleure est sa traduction dans les logiciels proposant cette facilité (Google translate et autres).

La nécessité de cette consigne est encore plus pressante au téléphone, outil qui vous prive de l'examen critique des mimiques de l'interlocuteur n'osant pas avouer qu'il est perdu. L'usage de Skype avec un correspondant a été recommandé plus haut. Dès que vous connaissez votre interlocuteur habituel, essayez d'utiliser la fonction « appel téléphonique » de Skype plutôt que la fonction vidéo. Ce sera moins facile, mais le but est de progresser et non de se faciliter l'existence, et votre recherche ici de l'inconfort vous préparera aux circonstances que la vie réelle vous réserve.

■ Proscrivez les expressions imagées, l'humour, les plaisanteries

Les métaphores ne se transposent jamais d'une langue dans l'autre. Les Anglais considèrent que « *keep a stiff upper lip* » est une grande qualité – « conserver une lèvre supérieure ferme » ? Et si vous voulez dire « il ne faut pas mélanger les torchons et les serviettes », tout le monde comprendra ce que vous voulez dire à propos de la lingerie domestique, mais personne ne saisira l'application de votre idée à la conversation en cours. N'essayez pas au lendemain d'une soirée trop arrosée, de résumer en parlant de votre « gueule de bois ». Ça ne traverserait pas mieux la barrière linguistique que la thérapie qui vous serait conseillée « *take a hair of the dog that bit you* » ; « prendre un poil du chien qui vous a mordu » ??? Et se le mettre où[1] ???

Il en va de même pour l'humour, aussi intraduisible que les mots orduriers et les grossièretés. Premièrement, toutes plaisanteries à propos des races, des religions et du sexe sont proscrites pour vous, puisqu'une personne de qualité ne s'y adonne jamais. Ensuite, ce qui vous fait rire dans votre langue maternelle n'est en général nullement drôle en anglais. Même si vous avez observé que le contraire pouvait fonctionner, ne vous y aventurez pas.

■ Ne tombez pas dans le piège des questions négatives

Le mot « si » en réponse à une question négative dans notre langue n'existe pas en anglais. Ce n'est surtout pas « if » qui veut en effet dire « si », mais dans le début d'une phrase conditionnelle. Or la moitié des langues de la terre répondent à une question négative d'une manière opposée à la nôtre. Demandez au musulman : « Vous ne buvez pas de

---

1. Figurativement ici, il vous est recommandé au petit matin, d'avaler une bonne ration d'alcool fort, pour dissiper les vapeurs précédentes et évaporer la migraine qui défile sous votre crâne au pas cadencé, avec la grosse caisse. Soigner le mal par le mal, donc. Cette expression métaphorique provient, outre-Manche, de l'idée que pour éviter la rage, la meilleure méthode était de se saisir d'un poil du chien ayant marqué votre épiderme de ses crocs, et de le poser sur la blessure. Allez comprendre… Il se dit, même outre-Manche, qu'un Français nommé Pasteur aurait trouvé beaucoup mieux.

vin ? *You don't drink wine?* » En français il vous répondra « non » et en anglais « *yes* », qui veut dire : « Oui, ce que vous avez dit est exact, je ne bois pas de vin. »

Et, par principe de précaution, **ne répondez pas aux questions par une monosyllabe, « yes » ou « no »**. Mais toujours par l'un de ces mots complétés de l'usage d'un verbe ou d'une reformulation « *Yes, I don't* » dans le cas ci-dessus si vous vous abstenez de ce produit de la vigne.

▪ Évitez les acronymes

Les acronymes, en anglais, le plus souvent, organisent les lettres dans l'ordre inverse des nôtres, ou dans ce qui semble être un désordre absolu : NATO – OTAN, ADN – DNA. En écrit, la première fois que vous en utilisez un, précisez toujours, entre parenthèses, son sens en donnant en entier chacun des mots. À l'oral, expliquez de la même manière « *IBM, International Business Machines* » et veillez bien à la compréhension.

▪ Travaillez l'accompagnement corporel, les gestes, la mimique

Vous serez surpris de la richesse de ce moyen de communication. Que la pudeur et la crainte du ridicule ne vous dissuadent pas de gesticuler. Imitez les Italiens, si justement réputés pour leur gestuelle imaginative et expressive. Mais méfiez-vous des gestes faisant référence à des expressions métaphoriques « mon œil » ne veut rien dire en dehors de la francophonie, l'expression équivalente à San Francisco étant « *my foot* ». Pourquoi ?... Allez savoir.

▪ Méfiez-vous de l'expression des chiffres avec les doigts

Elle change de pays en pays. La plupart des Asiatiques arrivent à montrer les chiffres de un à dix avec les cinq doigts d'une seule main. Pour les Anglo-Saxons, « un » se dit en montrant un seul doigt, l'index. Pour nombre de Français « un » se montre avec le pouce levé, et deux avec le pouce et l'index. Les Anglo-Saxons ne se servent du pouce que pour faire « cinq » en l'ajoutant aux quatre autres doigts déjà levés. Dans votre « deux », ne voyant que l'index, ils penseront que vous voulez dire « un » et non « deux ». À tout prendre, dans l'arène internationale, mieux vaudrait adopter leur système, pas plus illogique que le nôtre.

■ Aidez-vous des supports audiovisuels

Les aides audiovisuelles, et en particulier les supports projetés, doivent être intensivement utilisées. N'hésitez pas à multiplier les textes préparés avec les excellents logiciels destinés à enrichir vos présentations. Montrer une photo ou une carte, c'est bien. Présenter en prologue le plan de votre propos, c'est mieux, et le montrer à nouveau chaque fois que vous changez de chapitre, en ayant surligné celui que vous allez aborder maintenant, c'est encore mieux. Les messages importants de votre discours ne doivent pas être seulement déclamés, il faut qu'ils apparaissent au même moment à l'écran. L'attention d'un auditoire se disperse et s'évade quand l'écran montre à l'œil quelque chose de différent de ce que l'oreille perçoit. Mais elle se concentre quand il y a claire conjonction entre les deux. Profitez-en.

■ Bouclez la prestation par la rédaction d'un compte rendu en temps réel

Dans le même ordre d'idée, toute réunion ou rencontre internationale devrait se terminer par la rédaction du compte rendu, en présence de tous les participants. Vous en prendrez l'initiative si vous êtes l'organisateur ou le pivot de la conversation tenue, ou de la présentation. Et si vous ne l'êtes pas, vous avez tout intérêt à vous porter volontaire pour cette banale corvée utilitaire. Ne sortez pas votre encrier et votre plume d'oie, mais soyez toujours équipé d'une petite machine à dicter portative. Vous aurez appris à vous en servir, c'est très simple, il suffit de parler lentement, et de préciser la ponctuation, en particulier les changements de paragraphe.

Vous dicterez donc, en anglais, ou plus précisément en globish, ce qui mérite d'être confié à l'Histoire et aux archives, insistant tout particulièrement sur les décisions prises et les orientations arrêtées, que vous aurez gribouillées sur votre papier pendant la réunion. Tout le monde vous écoutera, objectera encore si une incompréhension avait subsisté, et votre texte sera alors gravé dans le marbre. Surtout, les participants apprécieront cette courtoisie, pourront une dernière fois intervenir pour rectification, et partiront avec le confort d'avoir tout compris : en clair, une excellente séance de travail, dont la qualité sera soulignée par cette excellente idée. Suivie le lendemain d'un non moins bon compte rendu ne se heurtant plus à aucune opposition.

Le globish pour une communication performante

Vous venez de le voir, le mot « globish » peut être amusant, mais l'affaire n'en est pas moins sérieuse. C'est un moyen de communication globale, qui a pour but l'efficacité. « *Efficiency before accuracy!* », comme il se dit en angloricain. Celui qui ne pratique pas l'une des nombreuses versions de cette dernière langue, mais le globish, celui-là pourra, partout sur la surface du globe, obtenir plus vite ce qu'il souhaite.

Vous avez bien compris : c'est un outil, dont on apprend rapidement à se servir, ou que l'on connaît déjà *grosso modo*, en général médiocrement ! C'est une forme d'anglais tactiquement allégée, riche de seulement 1 500 mots, à prononcer de manière compréhensible, sans rêver d'imiter à la perfection les Anglais ni les Étatsuniens.

Le globish : un parler universel

Le globish ne veut en aucune façon être assimilé à une langue : car une langue, c'est le vecteur d'un patrimoine, l'ADN d'une culture. Le globish, lui, libère, décomplexe ; on l'emploie sans ressentir de frustration. Sur notre planète, 88 % de nos congénères ne sont pas nés dans des sphères où le parler angloricain est officiel. Quand tous pratiqueront le globish, ils auront enfin la position que méritent leurs talents face aux natifs de la langue impériale, et ils pourront exiger d'eux qu'ils s'éloignent de leur english habituel pour « globisher clairement ». Le globish n'est donc qu'un outil, un ustensile.

Pour apprendre le globish, vous allez trouver ici des concepts inattendus, et des points qui ne sont enseignés nulle part dans les formations traditionnelles. Ils ne visent en aucun cas à faire de vous un « bilingue ». Notre ambition est de vous conduire au niveau requis par le globish : un niveau tout à fait suffisant pour conduire des échanges, comme femme ou homme d'affaires et comme touriste, dans n'importe quel pays du monde. Vous serez alors « ambilingue », également efficace dans cet environnement étranger, et en français. L'objectif que nous nous proposons d'atteindre se résume au « seuil de compréhension » indispensable. Si vous voulez approfondir votre maîtrise de l'anglais, et parler comme un Texan, vous pouvez naturellement commencer avec nous par cet ouvrage. Mais il vous faudra impérativement poursuivre avec des maîtres et des méthodes moins révolutionnaires : la modestie de notre ambition autorise des raccourcis, des combinaisons, des arrondis qu'interdirait la poursuite d'un anglais parfaitement complet et conforme. Mais cela est bien suffisant pour celui qui cherche un instrument sobre en vue d'une communication performante.

Cependant, retenez que quand votre prononciation en globish sera convenable, vous saurez également prononcer l'anglais comme dans sa version authentique.

Maîtriser le globish en 182 heures d'étude bien appliquée

L'anglais est une langue bien plus simple que la nôtre. Le globish, sa variante expurgée à dessein pour former le dialecte planétaire du troisième millénaire, s'acquiert en 182 heures d'étude bien appliquée : il suffit de suivre les vingt-six étapes développées dans ce livre, soixante minutes par jour pendant six mois. La même étape sera étudiée pendant une semaine jusqu'à maîtriser et savoir reproduire idéalement les exemples fournis, avec la plume, avec le clavier et avec la voix. L'oreille et la compréhension auront suivi. Le tout en développant et faisant un usage pragmatique du vocabulaire de 1 500 mots, et en le complétant avec les artifices et consignes de mise en œuvre expliqués plus haut. Chacune de nos étapes traite de prononciation, puis étudie la construction des mots et des phrases : vous progresserez en parallèle dans ces deux domaines nouveaux pour vous, ou que vous revisiterez avec bonheur suite à d'éventuelles difficultés scolaires d'autrefois.

Nous l'avons déjà souligné, la régularité est la base du succès. Quel que soit votre niveau de départ, le procédé vous conduira au but si vous vous y attachez sans prendre de vacances entre deux journées de travail. Ne vous méprenez pas cependant : une heure par jour, ce sera sans doute beaucoup pour vous, tant vous êtes chargé par ailleurs. Selon toute vraisemblance, vous serez conduit à étaler. Pourtant, nous insistons : il faut que tous les jours vous fassiez quelque chose du programme, pas forcément avec une leçon de ce livre, sans doute avec une lecture, une vidéo, une chanson, des conversations sur Internet. Et que chacune de nos leçons trouve au total sept heures de votre attention et de votre pratique, même si c'est réparti sur plus d'une semaine.

Ce livre est étoffé d'un site Internet, www.jpn-globish.com, qui propose gratuitement des articles, des suppléments et, plus fondamental, des corrigés et des enregistrements audio de prononciation : vous les téléchargerez pour les écouter, les apprendre, les imiter. C'est uniquement ainsi que vous seront données les solutions aux exercices proposés dans les pages qui suivent. Vous pouvez copier ces enregistrements autant que vous le souhaitez sans aucun risque de poursuite pénale : ce n'est pas seulement autorisé, c'est encouragé ! Vous y découvrirez également des textes de chansons : durant les sept jours de chaque étape, vous en écouterez une en boucle et la mémoriserez, comme déjà recommandé.

Le globish, c'est ici et c'est dorénavant en Europe

Les Britanniques ont pensé depuis toujours que la maîtrise de leur langue leur conférait un avantage considérable dans toutes les communications internationales. Nous avons montré qu'il n'en est rien, et le livre *Don't speak English, parlez globish* développe cette démonstration bien plus complètement que les quelques pages que nous venons d'y consacrer.

Leur conviction est ici sincère, et fondée sur une observation que me rappelait l'un d'entre eux dans un débat qui permettait cette confrontation sur la télévision en langue anglaise émettant de Moscou et couvrant toute la Russie (disponible sur www.jpn-globish.com). Il me soutenait que mon idée n'avait aucun intérêt, puisque, nulle part dans le monde, il n'avait la moindre difficulté, avec son anglais riche et parfait, à comprendre ses interlocuteurs, et à être compris d'eux. Le pauvre homme ne réalisait pas qu'il ne rencontrait jamais des personnes autres que celles parlant un anglais déjà fort correct, les autres le fuyant soigneusement. Avec l'exception du personnel de service en hôtellerie, restauration et transports, qui maîtrise juste ce qu'il faut pour dire « salle de bains », « escalope », « arrêt suivant », et pour faire parfaite illusion. Si son premier voyage en France commençait par une escale à l'île du Levant, il conclurait tout aussi bien que les Français sont tous naturistes. Il ne faut jamais juger sur la base d'un échantillon de mesure qui n'est que personnel.

Les tentatives de faire prévaloir le globish dans les instances européennes ont toutes échoué en raison de deux hostilités. Celle des interprètes dont les effectifs garantissent un lobby et une influence importante. Si jamais ils se mettaient en grève, toute l'Europe s'arrêterait. Qui dit mieux ? Et celle des Britanniques qui répugnent à tout effort, et n'imaginent pas qu'une pratique intelligente d'un anglais allégé améliorerait leur aptitude à se faire comprendre. En résumé, « l'anglais est parlé universellement, l'anglais est ma langue maternelle, je n'ai donc aucun effort à faire pour les demeurés qui le dominent mal, c'est leur problème, et c'est à eux de résoudre leur problème ».

Mais, surprise surprise, les Britanniques et Irlandais du Nord ont voté collectivement pour le Brexit. Leur pays va quitter une Europe à laquelle ils ont contribué, et dont ils ont bien profité. Leur intransigeance, drapée dans leur supposée supériorité, et la diffusion mondiale de leur langue ont permis, l'hégémonie de l'anglais tant à Bruxelles qu'à Strasbourg et dans toutes les instances de l'Union européenne. C'est connu et admis, l'allemand et le français sont répertoriés officiellement comme « langues de travail », à Bruxelles en particulier, et nombre de nos responsables s'appliquent à utiliser notre parler dans les circonstances officielles et visibles, pour bien affirmer notre statut et promouvoir notre rayonnement. Efforts dérisoires, car beaucoup ont aussi compris que communiquer en anglais piétinait l'étiquette et la francophonie, certes, mais était plus immédiatement efficace. Préoccupation alimentaire et oppressante. Trépignements et vociférations n'y font, et n'y feront rien. En outre, tout ce qui se passe d'utile mais de moins cérémonieux se fait automatiquement en anglais, sans traducteur. Nous n'y pouvons rien, la messe est dite. Le nier est aussi inspiré et utile que de nier qu'après la basse mer en Bretagne, la marée arrivera certainement à faire remonter le niveau de l'eau.

> ### Quand le parler globish doit prendre le pas sur l'officiel
>
> Dans les instances de l'Union européenne, dans les restaurants, cafétérias, corridors, rencontres sans journalistes témoins, toutes préparations de toutes décisions, tout se fait en anglais, souvent approximatif, mais suffisant… Notons que cet « anglais approximatif mais suffisant » est spontanément et naturellement proche du globish ici défini. Le globish n'est que la structuration et la prescription de cette imperfection promue au rang de solution, et organisée à dessein. Mais ce doit devenir une proclamation de liberté retrouvée dans une Europe maintenant différente.

Avec le Brexit s'impose une réflexion : il est temps de proclamer que l'anglais devient une langue secondaire, parlée officiellement par la seule République d'Irlande. Ce pays attachant et particulièrement méritant avait en 2015 une population de 4 892 305 habitants, soit 1,087 % des 450 millions d'habitants de l'Union européenne quand on en a extrait le Royaume-Uni. Rappelons surtout que la première langue officielle n'y est pas l'anglais (langue de l'envahisseur historique, comme le français serait la langue de Guillaume le Conquérant outre-Manche). La première langue officielle de l'Irlande est le gaélique. Et cette langue est aussi langue officielle de l'Union européenne depuis 2007. Proposer une régression de l'anglais dans les instances officielles de l'Union ne posera donc aucun problème à Dublin (en réalité « Baile Atha Cliath » en irlandais vrai). Et donc nulle part dans les territoires de l'Union européenne subsistant après la tapageuse défection du Royaume-Uni.

L'anglais ne peut donc plus être considéré officiellement comme véhicule de communication légitime dans nos institutions européennes. Leurs instances dirigeantes doivent sans délai annoncer qu'il n'est plus « langue de travail officiellement reconnue ».

Comme pourtant il sera toujours utilisé comme langue de travail *de facto*, il convient d'en redéfinir unilatéralement la forme, et de se débarrasser pour de bon du complexe d'infériorité que les Britanniques ont infligé aux autres nationalités pendant des décennies. La solution intelligente est donc d'annoncer : « *Nous ne parlerons plus English, leur English, nous allons adopter le globish, avec lequel tout le monde est à égalité, et personne n'est plus égal que les autres.* »

Forget l'anglais de la reine, *forget* la prononciation idéale (« *received pronunciation* »), *forget* ses poètes et ses écrivains, place à un outil pratique, et définitivement étranger aux Britanniques. Pour le peu qu'ils fréquenteront encore les institutions européennes, le temps sera venu pour eux de faire un effort.

Avec un dialecte bien défini, démontré suffisant pour tous les échanges, facile à comprendre, la communication sera plus aisée, plus efficace, plus économique. Et le Brexit sera symboliquement souligné par une démarche officielle bien visible : ce qui est fini est terminé. Ou alors, nous devrions continuer à nous agenouiller pour baiser la pantoufle de ceux qui nous ont quittés, en nous appliquant laborieusement à singer leur modèle de communication ? Fi donc...

À moins que nous ne rêvassions à la réinstallation du français sur le piédestal impérial d'outil de communication. Fantasmes improductifs : il est trop tard, tout le monde parle un peu d'anglais et y restera attaché.

Les apparitions officielles et plénières pourront satisfaire notre vanité, voire notre arrogance, mais tout ce qui se fait en pratique et en coulisse continuera en anglais, si nous n'arrivons pas à imposer le succédané pratique et honorable : le globish.

Pour la démonstration d'efficacité de la simplicité, allez sur le site www.jpn-globish.com, et lisez les textes attribués au président Barack Obama : dans son excellent et riche anglais, son discours d'investiture sur les marches du Capitole en janvier 2009, et, à côté, la version suggérée en globish, avec uniquement les 1 500 mots recommandés. Vous serez bien obligé de constater que les deux textes délivrent rigoureusement le même message, mais que le second est accessible directement à dix fois plus de lecteurs, et pas seulement aux barbares non anglophones comme vous et moi.

La campagne à mener maintenant est donc celle de l'adoption effective du globish par toutes les instances de l'Union européenne.

La suite de ce livre, les 26 leçons

Notre pari a été de composer à votre intention un livre accessible et néanmoins copieux, qui vous propose l'accès à toute une fortune de matériaux complémentaires – gratuits et évolutifs – sur le site www.jpn-globish.com. Nous en améliorerons le contenu et l'interface d'accès grâce à vos remarques : elles sont attendues.

Les méthodes qui vous promettent l'anglais en moins de 700 heures vous leurrent. Celles qui vous garantissent que vous l'apprendrez par le seul sortilège du divertissement se moquent de vous. L'option ludique ne sera pas méprisée ici, mais un minimum de labeur est nécessaire. En outre, seul le rationnement délibéré et réfléchi du globish peut vous conduire à un résultat satisfaisant en ménageant vos efforts : nous vous proposons donc 182 heures d'étude assidue. Et le plus possible d'activité en parallèle : « *Time spent with English* ». Vous ne serez peut-être pas irréprochable en anglais, mais universellement efficace en globish.

Bonne lecture, bon travail, et bon enrichissement !

Prononciation :
la génératrice des sons

Si vous aviez acquis une bonne expression orale avant votre puberté, à l'âge où vos organes vocaux savaient s'adapter à tout, vous auriez encore maintenant la possibilité d'absorber l'anglais au point de passer pour un anglophone. Malheureusement pour vous dans ce domaine, votre physiologie d'adulte est devenue depuis votre facteur limitant. La surpasser à présent n'est plus qu'un problème physique. Pour exécuter un triple salto en patinage, vous accepteriez de le répéter durablement des centaines, voire des milliers de fois avant de gravir le podium sous les applaudissements. Il en va de même pour votre voix et pour la prononciation, que nous allons discuter. Ne soyez pas surpris de n'arriver à rien si vous ne repassez pas inlassablement les exercices vocaux que nous vous proposerons. Si vous le faites, en revanche, vous améliorerez votre performance d'une fraction imperceptible à chaque coup. Vous finirez ainsi par monter sur la marche convoitée.

Il est temps de vous atteler à la prononciation, avec nous, en globish, et nous allons vous y conduire sans vous épuiser. Il s'agit uniquement d'un problème de physique, d'organes dans votre corps.

Admettez dès à présent la perfidie et la perversité de l'anglais : c'est une langue dans laquelle il n'existe aucun lien entre la forme écrite des vocables et leur prononciation. Cette réalité affligeante est pudiquement proclamée par les anglophones qui ont publié, à Cambridge, le manuel de l'alphabet phonétique international (plus légitime, tu passes de vie à trépas !) : « De nombreuses langues telles que l'anglais ont un système orthographique dans lequel la relation entre les phonèmes et les lettres de l'alphabet est devenue obscure[1]. » C'est le moins que l'on

---

1. *Handbook of the International Phonetic Association*, Cambridge University Press, édition 2003, page 27.

puisse dire de l'anglais, en enviant l'italien, où toutes les lettres se prononcent, et toujours à peu près de la même manière.

À Londres et à Washington D.C., la lecture du mot ne vous sert à rien pour sa restitution verbale[1]. Pourquoi diable le « oo » a-t-il quatre prononciations différentes dans *blood, door, cool* et *foot* ? Pourquoi *low* et *cow* sont-ils si proches pour l'œil, et si différents à l'oreille ? *Idem* pour *rush* et *push*. Pourquoi *mouth* rend-il un son différent selon qu'il fait référence à la bouche de notre lecteur ou à la seconde syllabe de la ville de Portsmouth (littéralement, et autrefois, « la bouche du port », l'embouchure) ? Pourquoi ne pas prononcer les deux dernières syllabes de *infamous* comme *famous* ? Pourquoi trouve-t-on *the carrot* chez le marchand de légumes et *the carat* chez le joaillier, alors que leurs prononciations sont identiques ? Pour un même mot, il vous faut donc enregistrer, acquérir et retenir six paramètres, classés ici à peu près par urgence :

1. Comment s'écrit-il ?

2. Où se trouve la syllabe accentuée qui demande un renforcement du niveau sonore ?

3. Comment se prononcent les lettres de cette syllabe, puis les autres lettres ? Observez que les lettres « *ough* » ont une prononciation entièrement différente dans *through, though, cough et tough*. Il faut mémoriser chacun de ces sons, qu'aucun panneau indicateur écrit ne balisera.

4. Quel concept ce mot recouvre-t-il et quels sont ses différents sens les plus fréquents ?

5. Quelles sont ses formes dérivées – conjugaison (pour les verbes) et pluriel ?

6. Comment peut-on le transformer, ou l'assembler avec d'autres mots, pour fabriquer de nouveaux vocables aux sens tout autres ?

---

1. C'est le contraire du français, où la forme écrite dicte en général la prononciation, alors que la forme orale ne donne pas l'orthographe : pourquoi diable *le* scarabée, et *la* vérité ? Comment savoir, quand on entend le son « ver », s'il s'agit de ver, vers, vert, verts, verre, verres, ou même de vair, la fourrure de petit-gris (du ventre d'écureuil) dans laquelle fut confectionnée la célébrissime pantoufle de Cendrillon, du moins selon Balzac ?

Vous pourriez avoir conclu déjà que tout cela est compliqué au point de justifier le désespoir et la résignation ? Vous auriez tort, car nous allons vous montrer que la chose est bien plus simple, et que s'exprimer correctement en globish, voire en anglais, n'est pas plus malaisé que demeurer dans la médiocrité habituelle.

L'accentuation et le rythme

Accent et rythme vont de pair. Nous n'entendons pas par accent « un bon accent anglais », mais l'accentuation de certaines syllabes et l'effacement d'autres syllabes. Il y a des syllabes fortes, que vous devrez accentuer vigoureusement, et des syllabes faibles, que vous vous appliquerez à affaiblir cruellement.

Leur alternance façonne une langue rythmée. C'est pourquoi l'anglais est si approprié au rock and roll et à la pop music : la prononciation porte le battement, le parler est fortement cadencé. Les chansons y trouvent leur agrément par la succession organisée de ces syllabes fortes et de ces syllabes faibles. Plus ancienne, la poésie a codifié cette idée principalement sous le terme de « pentamètre iambique » : il désigne des vers de dix syllabes, divisées en cinq paires de deux syllabes dans lesquelles faibles et fortes se succèdent (les « iambes »)[1]. Shakespeare, Milton et la plupart des poètes s'en sont régalés. Les vers ressemblent donc le plus souvent à « la-**boum** la-**boum** la-**boum** la-**boum** la-**boum** », comme dans « *O **happy** love! When **love** like **this** is **found**...* », voire à « la-**boum** la-**boum** la-la, **boum** la-la-**boum** », ou à toute autre musique vocale. Il suffit de choisir les mots appropriés pour exprimer ce qui est souhaité et pour alterner les syllabes accentuées et les faibles : ainsi s'engendrera le rythme rendant la déclamation harmonieuse, avec le nombre de temps nécessaires (trois pour la valse, deux pour le regretté jitterbug, etc.).

Nous voyons ici tout le contraire du français, qui par nature n'est pas rythmé du tout ; toutes les syllabes y ont à peu près le même niveau

---

1. Pour en savoir plus : http://lve.scola.ac-paris.fr/anglais/literature.php

sonore, et c'est d'abord la juxtaposition des sons qui compose l'harmonie. Pas de « la-**boum** » pour nous. Quand les Anglo-Saxons veulent imiter notre prononciation de leur langue, c'est par là qu'ils nous tournent en dérision, en supprimant l'accentuation.

Si vous avez de la peine à me croire, visionnez les films mettant en scène Peter Sellers dans le rôle désopilant de l'inspecteur Clouseau, autour du diamant de la Panthère Rose (en VO, *of course* !).

Rare exception offrant chez nous une illustration, la poésie : ses écrivains répartissent les mots et les accentuent en installant les plus marquants aux sixième et douzième pieds de l'alexandrin. Mais le plus important toujours est de faire rimer le rêve « héroïque et bru**tal** » avec le « charnier na**tal** ». Autre notable exception, dans les chants de marches militaires et scouts : leur prononciation conduit à accentuer une syllabe, celle qui s'entend quand la chaussure droite se pose par terre et que la grosse caisse fait « boum ». Ainsi de *La Marseillaise*, précédemment « Chant de guerre pour l'armée du Rhin » : « Allons enfants de **la** patrie, ii**ee**, le **jour** de **gloi**re est arri**vé**, etc. » ; dans la conversation galante, cela est moins net... Dans la notation musicale, les compositeurs soulignent les notes accentuées en plaçant juste au-dessus d'elles le signe >. L'interprète sait qu'à cet endroit il doit souffler plus fort dans la trompette, ou enfoncer la touche d'ivoire plus vigoureusement. En espagnol, la syllabe accentuée est toujours la dernière pour les mots qui se terminent par une consonne autre que « s » ou « n » (*profesor, animal*), et l'avant-dernière pour les mots se terminant par une voyelle (*corrida*) et par les consonnes « s » et « n » (*casas*). Si, par exception, tel n'est pas le cas, la lettre accentuée porte un accent pour le signifier, comme dans *testículo*, pour cette seconde partie de la règle, car l'accent tonique devrait normalement se trouver sur le « u ». Aucun balisage clair de cette sorte en anglais : il faut uniquement compter sur votre mémoire auditive et sur votre étude attentive.

Conseil

À l'instar de son père anglais, le globish ne se parle pas, il se scande.

Ici réside votre difficulté majeure. De même que le daltonien ne voit pas les couleurs, le francophone ne discerne pas l'accentuation des syllabes : ne l'ayant jamais approchée dans sa propre langue, il ne comprend même pas spontanément ce que nous exposons en ce moment. Il faut donc apprendre cette accentuation des syllabes, et bien mémoriser toutes celles que nous écrirons en **gras**, afin de les marteler le plus possible à l'oral. Il s'agit donc de compenser une infirmité, et même si ce n'est jamais simple, cela est possible.

Les mots *photograph*, *photography*, et *photographer* ont chacun une syllabe accentuée, et ce n'est pas la même dans chacun de ces mots. Si vous les prononcez sans savoir où la mettre, ce que vous aurez dit sera incompréhensible, et accessible seulement à une oreille anglophone très habituée au massacre de sa langue dans des bouches barbares. Vous avez de la peine à me croire ? Entrez dans un magasin, en terre anglophone, et essayez d'acheter un « pyjama ».

Ou, encore mieux, faites par exemple prononcer le mot *mahogany* à un Anglo-Saxon, histoire d'avoir une bonne illustration. Ce mot se traduit par « acajou » et ne vous servira à rien, sauf à mieux saisir l'accentuation. Votre manière française de le prononcer spontanément sera incompréhensible ! Il se prononce « ma**hog**any », en hurlant presque le « **hog** », avec un « **h** » violemment aspiré, et en avalant à peu près tout le reste.

■ Quelques règles de base

Ces règles sont habituellement respectées en anglais, et par conséquent en globish.

Vous appliquerez la notion d'accent (tonique) à certains mots d'une seule syllabe, non sans quelque prudence, et sans doute avec quelques erreurs tolérables. Les négatifs (*no, none, not*), les interrogatifs (*who, what, which, where, why, when, whose, how*), les démonstratifs (*this, that, these, those*) méritent votre insistance pour être bien distingués dans la phrase et, partant, dans votre accentuation. Les autres, en général, non :

il s'agit notamment des pronoms, des articles, des prépositions et des auxiliaires, sauf si vous voulez insister spécialement (*I **do** believe that **you** are the father*, « je crois **vraiment** que c'est **toi** le père »).

- Dans les mots de plusieurs syllabes, il y a toujours une syllabe accentuée au moins.

- Dans ceux de 2 et 3 syllabes, une seule syllabe est accentuée. Si vous ignorez comment prononcer, essayez d'accentuer seulement la première syllabe du mot de 2 syllabes. Si cela ne fonctionne pas, passez à la seconde syllabe.

- Dans un mot de 3 syllabes, quand vous ressentez la même anxiété, essayez la première, puis la deuxième.

- Si vous savez de manière indubitable comment se prononce l'une des voyelles (ou un groupe de voyelles) dans l'une des syllabes d'un mot qui en comprend 2, et si vous êtes incertain quant à l'autre, c'est que cette autre syllabe est la syllabe faible. Mettez l'accent ailleurs.

- La dernière syllabe d'un mot de plus de 2 syllabes n'est jamais accentuée.

- Les mots se terminant en « ion », ou en « ic » n'ont jamais l'accentuation tonique sur cette dernière syllabe, et vous vous en tirerez fort bien en le plaçant toujours sur l'avant-dernière : Ti**ta**nic, le navire de sinistre mémoire, « po**si**tion ».

- Si un mot se termine par « ate », la syllabe accentuée sera pour vous toujours sur l'antépénultime syllabe, donc pas sur « ate », ni sur la syllabe qui précède, mais sur celle qui se situe encore avant : « com**mu**nicate » mais « communi**ca**tion », conformément à la consigne ci-dessus.

- Dans les mots de 4 syllabes et plus, les syllabes accentuées et non accentuées alternent ; elles ne sont presque jamais juxtaposées.

- Certains mots de 2 syllabes ont comme syllabe accentuée tantôt la première tantôt la seconde, par exemple pour distinguer le verbe « présenter », « pre**sent** », du cadeau que l'on offre, le « présent », qui se prononce « **pre**sent ». En globish écrit la différence ne se voit pas, évidemment. En globish parlé, vous ferez l'impasse et mettrez l'accent où vous en aurez envie, car tout le monde vous comprendra même si vous utilisez le substantif à la place du verbe, ou inversement.

Conseil

Si vous ne mémorisiez pas cette accentuation, inutile d'essayer de prononcer l'anglais, et même le globish : vous perdriez votre temps. Vous devriez le cas échéant vous contenter de l'écrit.

La voyelle neutre, souveraine absolue : la bonne prononciation est principalement une affaire de sh'wa

Demandez à quiconque quelle est la voyelle au son le plus fréquent en anglais. Réponse habituelle : le « e », non sans quelque raison.

Constatez donc ici l'asservissement auquel vous a réduit la forme écrite de la langue ! Le « e » gagne en effet à l'écrit[1]. Mais vous verrez bientôt quatre façons de le prononcer : è (*let, best, yet*), ê (*where, terrible*), ë (*be, equal, evil*), ì (*begin, event*).

Alors, quelle est la voyelle la plus fréquente à l'oral ? Réponse : c'est le sh'wa[2] !

---

1. « e » est bien la lettre la plus fréquente en anglais, comme en témoigne une décision de Samuel Morse. Il a inventé la transmission de messages écrits par une succession de traits et de points. Pour accélérer le codage, il a donné les représentations les plus brèves aux lettres les plus fréquentes. Ainsi « e » se représente par un seul point, puis « t » par un seul trait.

2. « Sh'wa » est la désignation d'une voyelle en hébreu (souvent appelée « ché'va » dans les communautés ashkénazes). C'est une voyelle souvent muette, non prononcée, dont le rôle est d'indiquer la fin d'une syllabe. Dans une langue qui, initialement, ne figurait que les consonnes, elle apparaît maintenant sous forme d'un signe « diacritique » proche de « : » sous les consonnes dont elle instruit le rapprochement dans la prononciation. Rappelez-vous que c'est la voyelle souveraine : elle fera de vous un roi ou une reine de la prononciation si vous savez la séduire et l'épouser !

Conseil

Pour bien parler, il faut faire le bon sh'wa ; souvenez-vous-en et vous serez sauvé.

C'est quoi, le sh'wa ? C'est un son quasi unique, qui peut être orthographié de dix-sept manières différentes au moins (rien que ça !) : a, e, i, o, u, y, ea, io, ie, ai, ou, ia, ua, iou, au, oi, ei..., ce qui lui donne le premier rang de fréquence, et de loin, dans la langue parlée[1]. Mais c'est surtout celui que vous produirez plus souvent que tout autre dans une syllabe faible, quelles que soient la ou les voyelles dans lesquelles il s'incarne à l'écrit. Quand vous le rencontrez, appliquez-vous à l'avaler le plus possible sans le prononcer, et vous serez étonné de voir les anglophones vous comprendre.

Conseil

Si vous y parvenez difficilement, donnez-lui une sonorité précisément intermédiaire entre « e », « o », « a », « u » et « i », jusqu'à ce qu'il soit impossible d'identifier la voyelle que vous aurez choisie pour lui. Ça fonctionne, même si les anglophones le colorent assez souvent un peu plus qu'ici recommandé, un peu moins loin de la voyelle écrite.

Concrètement, le sh'wa ressemble à quoi ? Vous savez dire « s'il te plaît » ? Mais aussi « s'te plaît » ? Dans ce dernier cas, et pour faire simple, votre « i » est devenu un sh'wa. « À cette heure » devient parfois « À s'theure », par la même transformation du « e », cette fois-ci dans « cette ». Ce n'est qu'une approximation, mais si elle vous a aidé dans votre entendement du phénomène, elle méritait votre lecture.

---

1. Par définition, le sh'wa est plus rare dans les mots d'une seule syllabe. Les mots de deux syllabes et plus sont au nombre de 767 dans les 1 500 termes que le globish a retenus. Dans ces derniers, le sh'wa apparait 600 fois.

Le sh'wa est représenté en phonétique du globish par le symbole « ə », mais s'écrit avec des voyelles différentes et déconcertantes. Comme indiqué plus haut, toutes les voyelles sans exception peuvent incarner un sh'wa dans une syllabe non accentuée. Les anglophones ne s'y trompent pas, et cette voyelle est pour eux tellement insignifiante qu'ils l'oublient même parfois dans l'orthographe : par exemple dans McDonald's – pour lequel, en prononçant à la française, beaucoup éprouvent le besoin de rajouter un « a » pour faire « Mac Do » – ou dans Barbra (Streisand) – on prononce tellement peu le deuxième des trois « a » de « Barbara » qu'il en vient à disparaître. Cela explique aussi que nombre d'anglophones écrivent le mot *compliment* en lieu et place de *complement* : la voyelle du milieu est si peu prononcée qu'ils ne distinguent même plus s'il s'agit d'un « i » ou d'un « e ». Nombreux aussi sont ceux qui écrivent *seperate* au lieu du correct *separate* : comment imagineraient-ils l'orthographe prescrite, puisque la prononciation effacée de la voyelle ne la leur signale pas ? Ils pourraient tout aussi bien voter pour *seprate*.

Un mien ami étatsunien, originaire du Vermont, m'a ainsi fait part d'un jeu de mots sur Eiffel (la Tour, prononcée « ï fəl ») et *eyeful*, prononcé de la même manière pour lui. Une autre fois, m'entendant relater un voyage au Labrador, il me posa une question que je compris ainsi : « *Did you get Inuit?* » (« Es-tu devenu Inuit ? »). En effet, des représentants de ce peuple habitent cette région, et sont à tort baptisés « eskimos » par leurs voisins indiens[1]. J'ai eu du mal à trouver la solution, car mon ami me disait en réalité : « *Did you get into it?* » (« Y es-tu entré ? »), et son « o » de *into* s'était transformé en un vrai sh'wa à l'américaine, avec l'affaiblissement simultané du « t ».

---

1. Terme qui, dans la langue de ces derniers, signifierait « mangeur de viande crue ».

Le sh'wa, c'est donc[1] :

_a_ dans	_e_ dans	_i_ dans
_a_bove, neutr_a_l, doll_a_r	tak_e_n, und_e_r, syst_e_m	penc_i_l, d_i_smiss, cris_i_s, fert_i_le
_o_ dans	_u_ dans	_io_ dans
purp_o_se, may_o_r, butt_o_n	meas_u_re, pict_u_re	champ_io_n, quest_io_n, vers_io_n
_ea_ dans	_y_ dans	_ie_ dans
oc_ea_n	on_y_x	anc_ie_nt, pat_ie_nt
_ai_ dans	_ou_ dans	_ia_ dans
cert_ai_n, curt_ai_n	fam_ou_s	parl_ia_ment, civil_ia_n, spec_ia_l
_ua_ dans	_iou_ dans	_au_ dans
us_ua_l	vic_iou_s, serious	_au_thority
_oi_ dans	_ei_ dans	
porp_oi_se, tortoise	for_ei_gn	

Votre élocution ne fera plus de différence entre _a notion_ et _an ocean_ : à l'écrit, c'est à l'évidence dissemblable, mais à l'oral, seul le contexte permet de savoir s'il s'agit d'une notion ou d'une vaste mer.

Également pour la même raison, la présence du sh'wa universel et omnipotent laisse au poète la liberté inattendue de faire rimer _later_ et _alligator_ dans une chanson vieille d'un demi-siècle : _See you later, alligator_. Ce serait impossible si « ter » et « tor » ne se prononçaient pas de la même manière dans la syllabe non accentuée.

Exercez-vous à prononcer tous les mots ci-avant. Leurs voyelles inscrites en italique et soulignées sont les sh'was. Appliquez-vous à les émettre toutes, ainsi que leurs combinaisons, exactement avec le même son. Surprenant, n'est-il pas ? Mieux, connectez-vous au site www.jpn-globish.com, recherchez la section prononciation et écoutez avec soin le chapitre intitulé « Le sh'wa audio ». En voici le texte, à reproduire verbalement de manière rigoureusement exacte, avec l'accentuation tonique, et surtout en respectant méticuleusement la bonne cinquantaine de sh'was indiqués en

---

1. Les syllabes en gras sont celles que vous devez accentuer dans la prononciation. Les autres, avec les voyelles en italique, contiennent donc les sh'was et sont affaiblies. Ces mots ne figurent pas tous dans la liste de ceux, canoniques, retenus par le globish.

italique dans ses sept lignes ; ils se prononcent tous avec le même son, à la gloire du marsouin (*porpoise*, un vocable inutile pour vous en globish) :

« *The famous porpoise breathes above the ocean's surface. Never alone, seldom a serious animal, he certainly possesses a natural freedom under water. No question, and for ever since the most ancient opinions in history, observers have recognized him as the beautiful champion of swimming. Not frightened of being injured by any other foreign creature, he is, usually and on purpose, a special and vicious fighter[1].* »*

Nous pourrions remplir un ouvrage d'illustrations sur ce son de la principale voyelle non accentuée. Elle est si affaiblie que vous devrez maintenant la rendre indistincte. Dans une langue où oral et écrit n'ont qu'une si faible cohérence, les propositions de réforme de l'orthographe ont pullulé. La seule vraiment valide et productive serait l'ajout d'une lettre à l'alphabet pour le sh'wa. On écrirait avec elle tous les mots qui en comportent le son : ainsi, chacun saurait spontanément les prononcer et, du même coup, placer l'accentuation ailleurs. Automatiquement, nous prononcerions *əthority, seriəs, faməs, certən, specəl, questən, neutrəl, ocən, purpəse* et *porpəse*, etc., de manière identique, et nous nous ferions comprendre des Anglo-Saxons au lieu de nous acharner à déformer leur oral en fonction de leur écrit. Ce serait possible : l'anglais aurait ainsi 27 lettres, alors que le français en détient déjà près de 40, en comptant des lettres telles que le ç et le ï ; et nous vivons avec elles sans inconfort.

Vous observerez que, dans tout mot de 2 syllabes, l'une des voyelles est vraisemblablement (mais pas toujours) un sh'wa. Si vous ne savez vraiment pas, faites-en le pari, comme ci-dessus.

Les vocables longs occasionnent de surprenantes merveilles de prononciation ; les consonnes s'y enchaînent et se combinent sans presque

---

1. « Le célèbre marsouin respire au-dessus de la surface de l'océan. Jamais solitaire, rarement animal sérieux, il dispose certainement d'une liberté naturelle sous l'eau. Sans discussion, et en permanence depuis les plus anciennes opinions dans l'histoire, les observateurs l'ont reconnu comme le beau champion de la natation. Ne craignant les blessures d'aucune autre créature, il est habituellement, et à dessein, un combattant spécialement vicieux. » (Élucubration entièrement artificielle, sans aucune valeur scientifique, hâtivement et facilement échafaudée pour accumuler des sh'was.)

laisser de place aux voyelles affaiblies. C'est encore plus vrai dans la version anglaise que dans la version américaine de cette langue plurielle. Ces voyelles éclipsées sont souvent devenues des sh'was, à l'exception peut-être de la dernière encore légèrement perceptible :

Marlboro (la cigarette du cow-boy) combine « rlbr » quasiment en un seul trait.

- *Canterbury* (la cathédrale, dans le comté du Kent) associe « trbr » pratiquement en un seul son.

- *Literature* regroupe « trtr » en un seul jet.

- *Vegetables*, souvent abrégé argotiquement en *veggies*, pour la raison que « gtbl » se prononcent en un seul souffle quasi inaudible.

- *Idem* pour *comfortable*, dans lequel « frtbl » se prononcent en un son consolidé : vous serez enfin *comfortable* en globish quand vous saurez prononcer ces mots en débilitant délibérément leurs sh'was jusqu'à lier les multiples consonnes. Cinq consonnes ici, c'est beaucoup ? Allons, vous savez déjà en associer trois, comme « str » dans « *strident* »... et même cinq exactement dans le record de la langue française : « *angström*[1] ».

- La plupart des Américains esquissent la distinction entre les deux dernières syllabes de « necessary » et de « territory », la plupart de Britanniques avalent tout en un seul son. Vous pouvez choisir la version US, plus accessible pour nous, et comprise partout.

Conseil

Vous n'y arrivez toujours pas ? Bien, une concession : incorporez discrètement un léger soupçon de son à la place du sh'wa (mais le minimum, n'est-ce pas, ne prononcez pas comme dans une région favorisée de France où les roues des voitures sont équipées de « peneux » !).

---

1. N'oublions pas les sympathiques « Schtroumpfs » avec aussi cinq consonnes, inventés par le regretté Peyo, mais pas encore accepté dans le dictionnaire Littré.

■ Un cas particulier, les préfixes

L'anglais et, par filiation, le globish se privent encore moins de préfixes que le français pour agrémenter le sens du terme, que ce soit pour le souligner ou le modifier. La voyelle du préfixe, même si elle est affaiblie par rapport aux autres dans le mot ainsi transformé, est tout de même entendue : la syllabe du préfixe a en effet son utilité, et elle est parfois prononcée avec une emphase intentionnelle pour bien montrer qu'elle bénéficie d'une importance soutenue à dessein. Si vous avaliez le « dis » de ***dis**trust* (méfiance), il ne resterait plus, à l'oreille, que le mot *trust*, qui indique juste le contraire de ce que vous voudriez signifier. *Idem* pour des mots comme ***de**fine*, ***dis**appear*, ***en**force*, ***en**joy*, ***es**cape*, ***ex**perience* (et tous les mots commençant par « ex »), ***im**prove*, ***in**sane*, ***re**cession*, ***re**ligion*, dont les préfixes se perçoivent encore un peu, bien que l'accentuation tonique soit ailleurs. C'est aussi pourquoi ***in**famous* (infâme) n'a rien à voir, en prononciation, avec ***fa**mous* (fameux, célèbre, renommé).

Les sons

Si vous saviez prononcer toutes les langues de l'espèce humaine, vos organes vocaux maîtriseraient quelque 183 sons différents (que les savants linguistes appellent des « phonèmes »). Selon l'Association phonétique internationale (API), tous les parlers peuvent se résumer à la mise en œuvre de ces « phonèmes », et il ne s'en invente plus d'autre. Plus une langue a de phonèmes communs avec le français, plus sa prononciation nous est accessible, et inversement.

Malheureusement, les organes de la voix n'arrivent à reproduire que ce que l'ouïe distingue ; c'est la raison pour laquelle les sourds sont automatiquement muets. Malheureusement encore, votre oreille est très tôt devenue incapable de discriminer les phonèmes différents en anglais, et elle y arrive encore moins dans un mot dont l'orthographe trompeuse vous est connue : vous identifiez le terme dans une bouche anglophone mais ne distinguez pas les sons le composant.

Conseil

Ici se situera l'essentiel de votre travail : découvrir avec nous les sons élémentaires, les reconnaître, les acquérir, les restituer. D'innombrables répétitions praticables mais peut-être fastidieuses en perspective, et le succès assuré au bout.

Le dictionnaire français-anglais *Harrap's* sépare 58 phonèmes dans notre langue, y compris 6 diphtongues. Grevisse, autorité belge incontestable, m'en donne 37. D'autres sources encore se contentent de 32 sons différents. Bon...

Le même dictionnaire *Harrap's* en accorde 55 à l'anglais. Le globish ne visant pas à être parfait, mais à être suffisant, vous en emploierez 41 : cette simplification ne nuira pas plus à votre expression que si, en français vous prononciez « addition » comme « adipeux », en ignorant que le « d » du premier est doublé et que vous devriez le souligner en prononçant « ad-dition » (ce que personne, ou peu s'en faut, ne fait plus). Vous êtes donc confronté à un programme limité mais satisfaisant, à savoir appréhender 41 sons qui se décomposent ainsi :

Dix-sept sons de consonnes identiques en français, un cadeau

Dix-sept sons de consonnes dont la prononciation sera pour vous identique dans les 2 langues et qui ont les mêmes écritures :

b, d, f, g, k, l, m, n, p, r[1], s, t, v, w, y, z, h, (toujours aspiré pour vous, sauf dans *heir* « héritier », pas utilisé en globish, *hour*, *honor* et les mots qui en sont dérivés).

---

1. Le « r » français se prononce avec le bout de la langue posé sur les incisives inférieures ; le « r » anglais avec la langue au milieu de la bouche, sans contact avec aucune dent. Essayez de prononcer « derrière », puis son équivalent anglais « derriere ».

> ### Vingt et un sons communs, trois nouveaux, du travail
>
> Au total, 24 sons plus ou moins particuliers, qui se répartissent en 17 voyelles et 7 consonnes.
>
> La plupart vous sont connus, y compris en français ; trois seront nouveaux pour votre gosier et vos lèvres – les sons que vous rencontrez dans *thank you*, *they* et *vision*. Ils pourraient vous demander un peu de travail. Nous allons cheminer ensemble, progressivement et sans violence, dans leur découverte et leur acquisition. Nous n'oublierons pas l'accentuation de la langue, tout opposée à la nôtre (traitée plus haut). Écoutez sur notre site Internet les interprétations orales des mots et phrases que nous allons graduellement développer pour vous au cours des 26 étapes successives du présent ouvrage : « emmagasinez » chacun de ces sons. Surtout, mémorisez bien leur représentation phonétique, afin de la reconnaître et de l'exploiter lorsque vous rencontrerez de nouveaux vocables dont la prononciation encore inconnue sera indiquée grâce à elle.

Le sésame ci-après vous ouvre la caverne aux trésors de cette prononciation. Vous pouvez aussi le télécharger sur Internet : imprimez-le ou copiez-le, mais gardez-le toujours avec vous, bien visible, tout au long de votre étude. Concentrez-vous surtout sur les consonnes, car les voyelles dans les syllabes accentuées sont importantes, certes, mais parfois prononcées de manière si différentes selon les géographies ou les habitudes que vos erreurs seront facilement corrigées au vol par votre interlocuteur : le « a » dans « tomato » ou « potato » a ainsi deux prononciations effroyablement différentes, mais acceptées partout. Nous vous proposons ici un résumé de ces 24 sons, avant de les étudier en détail dans les étapes ultérieures. Pour votre facilité, nous leur avons attribué des transpositions symboliques provenant de notre alphabet occidental coutumier. Certes, nous aurions pu vous imposer l'alphabet phonétique international. Il permet à un Malgache, par simple lecture, de comprendre puis de reproduire toutes les intonations et inflexions du Maltais, sans avoir jamais entendu une phrase de ce parler : c'est son but universel, et c'est fantastique. Mais notre besoin est clairement contingenté : il s'agit de permettre à des francophones de dialoguer grâce à un seul dialecte universel, le globish, dérivé de l'anglais. Nous éviterons donc le marteau-pilon pour écrabouiller le diptère. D'où notre choix plus modeste, mais plus accessible, dans la transcription des sons. Si vous vous souvenez encore un peu de cet alphabet phonétique international qui peut tout, vous apprécierez la simplification que vous trouverez ici.

Sésame de la prononciation

■ L'oreille est l'organe d'entrée de langue

Si vous savez bien prononcer les mots types du tableau ci-après, vous devez avoir toute confiance.

À des fins d'illustration, nous avons retenu quelques mots qui ne sont pas tous recensés dans le globish, mais que leur pénétration large et tolérée du français rend utiles.

Prononciation et orthographe : au plus utilitaire

Pour certains vocables, il existe plusieurs prononciations possibles et compréhensibles de façon quasi universelle en anglais ; le cas échéant, nous proposons celle qui martyrisera le moins vos organes vocaux.

S'il existe une divergence entre la prononciation américaine et les autres, nous privilégions la première, pour une raison utilitaire : c'est la plus répandue, même si officiellement, ce n'est pas la plus correcte.

Idem pour les orthographes, le globish faisant son affaire autant de l'américaine que de la britannique, puisqu'elles sont indifféremment comprises par tous les lecteurs.

Attention, allez sur le site (www.jpn-globish.com, « Sésame de la prononciation »), écoutez consciencieusement la façon dont se prononcent ces termes et apprenez par les oreilles : il ne serait pas étonnant que vous prononciez *cake*, *speed*, *pin*, *light*, *rock*, *gold*, *cool*, *out*, *chat*, *foot*, *version* à la manière franco-française, un peu trop loin de ce qui est attendu. Concentrez-vous sur *vision* pour être bien édifié. Peut-être croyez-vous que M. Bush se prénomme « Georges » ? En aucune façon : ses parents ont choisi *George*, qui est aussi différent que Jack

(Lang) l'est de Jacques (Chirac). Si vous ne rectifiez pas le tir dès à présent, tout le reste ne servira à rien. Commencez à utiliser vos oreilles.

Sésame de la prononciation

Les lignes rosée correspondent aux trois sons les plus difficiles pour vos organes vocaux : à travailler jusqu'à y arriver correctement.

Symbole	Mot type	Indication, illustration
à	*snack*	*idem* français
ä	*cake*	il faut laisser un peu de son « i », entre « caille » et « quête »
â	*star*	comme dans « pâte » et non comme dans « patte »
ì	*pin*	« i » bref, à son court
ë	*speed*	« i » long, à son prolongé, comme s'il y avait plusieurs « i »
ï	*light*	comme dans « ail », « bail », « rail » en français
sh	*rush*	comme dans « poche »
tch	*chat*	pas comme le minet… il faut entendre le « t » avant le « ch », comme dans « tchatche » ou « macho »
è	*best*	comme dans « super » en français
êr	*chair*	comme dans « pair » en français ; il y a une différence entre « père » et « paire »
ò	*rock*	entre « râle » et « rôle »
ö	*gold*	Comme dans « comme » en français
ô	*door*	Comme s'il y avait plusieurs « o », et il y en a deux
oi	*boy*	Comme en français
th	*thank*	le « th » vigoureux, « s » avec la langue sur toutes les dents du haut
dj	*jeans*	bien faire entendre le « d » avant le « j », comme dans « jingle », « job »
ù	*cup*	plus près de « cape » que de « keuf »
ü	*cool*	proche de « coule » en français, comme « foot »
û	*foot*	plus long que dans « foutre »
ou	*out*	comme « mi<u>aou</u> », ou comme « août », dans la chanson « au 31 du mois d'août », pas comme dans « foot »
yü	*new*	Plus près de Nou York que de Nyü York
jh	*vision*	entre « j » et « z »
dh	*they*	« th » doux, entre « s » et « d » avec le bout de la langue caressant l'intérieure des incicives inférieures
ng	*string*	comme dans « camping », « parking », « gong » en français

■ Exercices pratiques

Débuter par l'oreille

Notre premier exercice sera utile et surprenant. Notre phonétique s'y met en œuvre selon une démarche rigoureusement inverse de ce dont vous avez l'habitude. La coutume de l'apprentissage veut en effet que vous regardiez en premier lieu le mot écrit selon son orthographe correcte, et ensuite parfois dans la forme symbolique supposée vous en indiquer le son, la prononciation, par l'alphabet phonétique international. À dire vrai, la priorité obsédante concédée à l'écrit fait que le second apprentissage ne se pratique pas toujours ; s'il a lieu, il ne peut au mieux viser qu'une improbable correction de la mauvaise prononciation que vous aurez déjà imaginée en découvrant l'orthographe prématurément.

Comme pour les chansons, nous vous recommandons instamment de procéder autrement en globish. Les méthodes habituelles vous présentent en paquet les mots traitant d'un même thème : la cuisine, l'automobile, le voyage, etc. Dans nos étapes, par différence, nous regroupons les mots qui se prononcent de la même manière pour le son à travailler : nous juxtaposons à dessein des mots qui ont une prononciation similaire, malgré des orthographes tranquillement divergentes. Quand vous serez familiarisé avec le sésame dont nous venons de vous équiper, entrez dans nos 26 étapes. Dans les sections « Les sons à maîtriser », vous devez à chaque fois absolument cacher tout de suite la colonne de gauche qui divulgue l'orthographe et, sans donc les voir, écouter la prononciation sur le site www.jpn-globish.com. Regardez seulement la prononciation transcrite avec nos symboles phonétiques, au besoin en vous référant au tableau « Sésame de la prononciation » que vous aurez sous la main, sur une feuille mobile.

Appliquez-vous à prononcer au mieux ce que vous voyez ainsi écrit, avec les sons prescrits et les sh'was pour les mots de plus d'une syllabe en imitant ce que vous entendez ; les syllabes écrites en **gras** portent l'accent tonique. Selon votre niveau antérieur, vous reconnaîtrez immédiatement certains mots, tandis que d'autres vous sembleront mystérieux.

Dès que vous pensez avoir compris ce dont il s'agit, écrivez le mot tel que vous l'avez deviné sur le papier dissimulant la colonne des orthographes à gauche. Quand vous avez terminé la colonne, il est enfin temps de découvrir l'orthographe réelle de ces mots. Vous serez ébahi du nombre de fois où vous direz : « Ça alors ! C'est comme ça que ça se prononce ? » Retournez alors au site Internet www.jpn-globish.com et écoutez à nouveau l'enregistrement audio des vocables que vous venez d'étudier. Vous êtes invité à procéder de la sorte à chaque étape, par ces pictogrammes et ces indications : 🖥🔊🎧 Audio : www.jpn-globish.com, chapitre A-1. Ce sera la touche d'ajustement final à l'éducation de vos organes de la voix. Vous aurez alors franchi un pas décisif et, si vous mémorisez cette prononciation, elle vous restera acquise.

Nous ne connaissons pas de meilleur moyen pour que vous preniez conscience des déformations qui vous ont été infligées durablement dans la prononciation, dues au fait que l'enseignement habituellement distribué chez nous se préoccupe prioritairement de l'écrit. Par rapport à ce que vous croyez savoir, préparez-vous à quelques surprises !

Chanter plutôt que parler

Le site Internet www.jpn-globish.com vous propose des paroles de chansons anglaises ou américaines célèbres et faciles. Nous en avons assigné une à chacune des 26 étapes. Il faut vous procurer l'enregistrement musical en question (dont la reproduction dans notre site nous exposerait aux rigueurs du Code pénal…), et, comme il a été recommandé plus haut, apprendre l'air par cœur, le chanter avec toutes les intonations, et enfin regarder la version imprimée : procédez impérativement dans cet ordre, et non en sens inverse, pour ne découvrir l'orthographe qu'après les sons.

Parvenu à ce stade, réécoutez ces morceaux posément, avec maintenant leur texte sous les yeux, et de quoi écrire. Faites-le minutieusement, dans le seul but de souligner les syllabes accentuées. Normalement, vous en soulignerez une sur 2 : « *Oh oh oh yes, I'm the great pretender* » doit devenir « *Oh <u>oh</u> oh <u>yes</u>, I'm the <u>great</u> pre<u>ten</u>der* ». Il arrivera que vous trouviez 2 syllabes écrites agglomérées qui n'en composent qu'une seule à l'oral. L'anglais, et donc le globish, ne compte pas le même nombre de syllabes selon qu'il est écrit ou parlé : ainsi, la ville de Gloucester se prononce *Gloster*, en perdant une des trois syllabes que vous pensiez avoir reconnues dans son orthographe.

Quand vous aurez fini de bien marquer les syllabes accentuées, réécoutez encore en repérant et en notant celles qui sont avalées et comportent des sh'was que vous entendez à peine, mais qui se prononcent de manière similaire partout. Avec cet exercice, vous allez considérablement affûter vos oreilles. Quand vous en serez là, vous chanterez vraiment en anglais comme un anglophone. Parler sera alors devenu naturel...

Construction :
la génératrice de phrase

Les mots ne sont que des briques. Une grande partie d'entre nous a appris un vocabulaire considérable mais le prononce mal, et ne sait que médiocrement en assembler les termes pour en faire un édifice qui ressemble à une demeure pour leurs idées. Cette construction s'appelle une phrase.

Les ingrédients de la phrase

L'enseignement le plus répandu vous apprend à traiter les mots selon leur nature – nom, article, adjectif, pronom, verbe, adverbe, préposition, conjonction, interjection, etc. Tout cela est parfaitement correct et respectable. En globish, nous vous proposons d'alléger cette structure en regroupant ces mots en trois espèces selon leur rôle (ce que vous voulez en faire), et non plus selon leur nature (ce que le dictionnaire dit qu'ils sont).

Ainsi, les mots constituant votre phrase pourront toujours se répartir logiquement en deux, voire trois groupes de mots : les constituants de cette phrase. Un groupe de mots est un ensemble de termes d'origines diverses, et de natures variées, organisés autour d'un pivot ; ceux qui ne sont pas le pivot même s'associent à lui en se mettant au service de sa fonction et en l'adoptant. Tous les éléments d'un groupe autres que le pivot sont facultatifs ; par voie de conséquence, un groupe peut ne contenir qu'un seul mot, son pivot :

- 1er constituant : le Groupe du Verbe.
- 2e constituant : le Groupe du Sujet.
- 3e constituant (facultatif) : le Groupe des Circonstances.

Le Groupe du Verbe…

… décrit l'action ou l'état.

Dans l'expression « il mange sa soupe », « il » à lui seul n'est pas une phrase, « sa soupe » ne peut pas davantage être une phrase, même isolée ; mais « il mange » en est une, de même que « Mange ! » tout court. Le Groupe Verbe est le mortier, la colonne vertébrale, le créateur premier de la phrase. Sans lui, la phrase n'existe pas, et si vous vous trouvez médiocre à ce jour, c'est sans doute que vous ne l'avez pas assez bien compris, faute de l'avoir vu suffisamment expliqué.

Ce Groupe est composé d'un verbe – le pivot –, éventuellement agrémenté de son ou ses auxiliaires en fonction de la signification.

Exemples : *runs, is working, watched, was driving, have danced, has been dancing, had eaten, had been sleeping, can speak, will write, might be watching,* etc. Ce sont tous des Groupes du Verbe. Détails dans les 26 étapes qui suivent…

Le Groupe du Sujet[1]…

… accomplit l'action du verbe ou la subit.

Il est formé d'un pronom ou d'un nom (propre ou commun) – le pivot de ce Groupe – complété de déterminants de toutes sortes, de toutes natures et de toutes origines.

Exemples : Jacques ; mon oncle Jacques ; mon vieil oncle Jacques ; mon vieil oncle Jacques de la Martinique ; mon vieil oncle Jacques de la Martinique, le frère de ma maman avec son château en Espagne, etc. Ce sont tous des Groupes du Sujet, plus ou moins complexes.

---

1. Toutes les phrases ont un Groupe Sujet. Seules exceptions : les rares cas des interjections et des impératives (où il est sous-entendu mais non formulé explicitement). « *Shut up!* » signifie « Je t'ordonne de la boucler ! ».

Le Groupe des Circonstances…

… indique l'objet de l'action, ou les circonstances dans lesquelles se placent le Groupe du Sujet et le Groupe du Verbe.

Il contient naturellement ce qu'en grammaire il est convenu d'appeler les compléments et les subordonnées, dont il vous est vivement conseillé d'éviter l'accumulation en globish. Ce Groupe est facultatif, puisque nombre de phrases n'en ont pas. Il est composé de tous les mots qui ne font pas partie des Groupe du Sujet et Groupe du Verbe. Il peut être formé d'un pivot – nom, adjectif, préposition, adverbe, etc. –, et de ses déterminants ou d'une combinaison de ces mots pour indiquer les circonstances particulières à propos de ce qui est énoncé.

Exemple : (Mon oncle Jacques nous rendra visite) l'an prochain, dès qu'il aura vendu la maison dont il est encombré depuis de si nombreuses années à la suite de la disparition de notre chère tante Madeleine, la sœur cadette de maman. En dehors de ce qui se trouve entre parenthèses, cet exemple est une phrase typiquement trop complexe.

Comment s'y prendre pratiquement ?

Règle de base : pour chaque situation, répondre aux questions suivantes :

- De **qui**, de **quoi** faut-il ici parler ?
  → <u>Groupe du Sujet</u>.
- Quels **action** ou **état** faut-il ici décrire ?
  → <u>Groupe du Verbe</u>, à conjuguer à la bonne forme (voir chapitre suivant, et les étapes en détail).
- Pour dire **quoi** et **où**, **quand**, **comment**, **pourquoi** ?
  → <u>Groupe des Circonstances</u>.

■ Exemples

Q. 1 – De **qui**, de **quoi** vais-je parler ? Groupe du Sujet.

Réponse ici : de mon oncle Jacques.

Q. 2 – Quel **verbe** vais-je utiliser ? Groupe du Verbe.

Réponse ici : le verbe « être ».

Q. 3 – Pour parler ensuite de **quoi** et **où, quand, comment, pourquoi** ? Groupe des Circonstances.

Réponse ici : professeur d'anglais.

Je vais parler de « mon oncle Jacques » pour dire qu'il est « professeur d'anglais ».

Groupe du Sujet	Groupe du Verbe	Groupe des Circonstances
My uncle James	*is*	*an English teacher*

Q. 1 – De **qui**, de **quoi** vais-je parler ? Groupe du Sujet.

Réponse : de mon oncle Jacques.

Q. 2 – Quel verbe vais-je utiliser, et **à quel temps** ? Groupe du Verbe.

Réponse : le verbe « venir » au passé de base (voir l'étape Golf).

Q. 3 – Pour dire **quoi et où, quand, comment, pourquoi** ? Groupe des Circonstances.

Réponse : rendre visite l'an dernier.

Je vais parler de « mon oncle Jacques » pour dire qu'il est « venu nous rendre visite l'an dernier ».

Groupe du Sujet	Groupe du Verbe	Groupe des Circonstances
My uncle James	*came*	*to visit us last year*

Q. 1 – De **qui**, de **quoi** vais-je parler ? Groupe du Sujet.

Réponse : mon cher vieil oncle Jacques, le frère de maman.

Q. 2 – Quel verbe vais-je utiliser, et **à quel temps** ? Groupe du Verbe.

Réponse : le verbe « rendre visite ».

Q. 3 – Pour dire **quoi** et **où, quand, comment, pourquoi** ? Groupe des Circonstances.

Réponse : rendre visite l'an prochain avec sa voiture à Paris.

Je vais parler de « ce cher vieil oncle Jacques, le frère de maman » pour dire qu'il « viendra très probablement nous rendre visite en voiture au printemps prochain à Paris ».

Groupe du Sujet	Groupe du Verbe	Groupe des Circonstances
This dear old uncle James, Mom's brother	will most probably come and visit	us with his car next spring in Paris

Recommandation propre au globish

Plus vos phrases sont courtes, plus elles ont des Groupes du Sujet, du Verbe et des Circonstances limités, et plus vous serez compréhensible. À titre d'illustration, la déclaration commerciale suivante est certainement exprimée dans un anglais bien acceptable, mais en très mauvais globish :

Intelligently designed along the concepts of a retired architect and previous owner, and built in proximity to an old touristic city on the border of sunny Provence, this recently built house, entirely air-conditionned and offering a spacious two hundred square meters, includes a large living room with a side terrace over looking a wonderful grove of olive trees, and three bedrooms, each with an independent bathroom[1].

Vous écrirez ou direz plutôt :

This house was intelligently designed by a previous owner. This gentleman had been an architect until he retired. It was built close to an old touristic city. It is situated on the border of sunny Provence. It is entirely

---

1. Intelligemment conçue selon les idées d'un architecte en retraite qui en fut le précédent propriétaire, et édifiée non loin d'une vieille ville touristique à la lisière de la Provence ensoleillée, cette maison de construction récente, entièrement climatisée, et offrant 200 m², se compose d'une vaste pièce de séjour avec une terrasse adjacente donnant sur un merveilleux verger d'oliviers, et de trois chambres à coucher, toutes munies de leur salle de bains indépendante.

air-conditionned. It is recent. It offers two hundred square meters. It has a large living room with a terrace. The terrace looks out over a wonderful grouping of olive trees. The house has three bedrooms. Each of them has an independent bathroom[1].

Et vous serez certainement compris ! C'est le but.

---

1. Cette maison a été intelligemment conçue par un propriétaire antérieur. Cette personne était architecte jusqu'à sa retraite. La maison se trouve à courte distance d'une vieille ville touristique. Elle est située à la lisière de la Provence ensoleillée. Elle est entièrement climatisée. Elle est récente. Elle offre 200 m² de superficie. Elle a une vaste salle de séjour, avec terrasse. La terrasse donne sur de merveilleux oliviers. La maison a trois chambres à coucher. Chacune d'elles a sa salle de bains indépendante.

Construction :
la génératrice de verbe

Mortier essentiel de la phrase, le verbe est en anglais, donc en globish, particulièrement sournois en raison des appellations et des apparences qui lui ont été infligées : elles sont trompeuses pour un francophone. Ainsi du « present perfect » : *I have served twenty years in the Navy* devrait se traduire logiquement par « J'ai servi vingt ans dans la Marine[1] ». Erreur ! Il se traduit exactement par « Je suis dans la marine depuis vingt ans » et ne pourrait aucunement être employé si je n'y étais plus. Cette forme verbale n'a rien du « parfait » qui en français désigne plutôt le passé : c'est un temps du présent (il existe quatre formes verbales pour le temps présent en anglais...). De même, le « pluperfect » n'est pas notre « plus-que-parfait » : la phrase *I had waited fifteen minutes when the bus arrived* met en œuvre l'auxiliaire HAVE, et vous le traduiriez volontiers par « J'avais attendu quinze minutes », alors que c'est plutôt « J'attendais depuis quinze minutes ».

Pour *I purchased a car*, vous auriez envie de traduire « J'achetais une voiture », sans plus d'auxiliaire ni en anglais ni en français, alors que le sens est « J'ai acheté une voiture », etc. Le seul procédé pour vous est d'oublier tout ce qui faisait l'enseignement dans et de votre langue maternelle, de ne jamais vous y référer pour traduire ou interpréter les temps des verbes anglais, et de vous pénétrer intimement, dans votre chair, de ces derniers dans leur singularité : en comprendre le concept et l'usage par l'instinct sûr, par l'habitude, les réflexes, la mise en œuvre, l'observation, et nullement par la traduction. Nous vous donnons ici des indications générales pour éclairer vos interrogations, et la suite précisément dans les 26 étapes ultérieures.

---

1. « J'ai servi vingt ans dans la Marine » se dirait plutôt : « I served twenty years in the Navy », en indiquant implicitement que je n'y suis plus maintenant.

Le verbe et ses auxiliaires de conjugaison

▪ Règle de base

Pour chaque situation, répondre aux questions suivantes dans leur ordre précis de complexité croissante, et progresser en apportant les réponses grâce au schéma du « Sésame de la conjugaison ». C'est infaillible.

▪ Préliminaire : qui conjugue le verbe ?

Il s'agit du pivot du Groupe du Sujet abordé dans la section précédente. « Je, tu, il ou elle, nous, vous, ils ou elles » deviennent *I, you, he ou she ou it, we, you, they* et commandent des formes différentes du verbe, selon le verbe et selon le temps utilisés (voir les étapes). Les autres formes (autres que les pronoms) du pivot du Groupe du Sujet exigent la troisième personne du singulier ou du pluriel du verbe, selon leur nature.

▪ Ensuite : à quel point dans l'échelle du temps veulent se placer ce sujet et ce verbe ?

Comme en français :

- à un moment passé ;
- au moment présent ;
- à un moment futur.

▣ Interrogation suivante : ce dont il est parlé s'est-il pour de bon terminé auparavant, ou au contraire a-t-il duré jusqu'au moment dont il est ici question, et qu'il englobe ?

(Que ce moment se situe dans le passé, dans le présent ou le futur, comme nous venons de l'indiquer.)

Conseil

Essayez en pensée d'ajouter à votre phrase quelque chose du genre « et je (ou tu ou il, ou…) le fais encore ». Au futur, « le ferai encore », au passé, « le faisais encore ». Vous pouvez aussi ajouter « jusqu'alors » sans que le sens devienne stupide.

« J'ai célébré au champagne la victoire de l'équipe de France à la coupe du Monde » (elle a gagné pour de bon à la fraction de seconde où l'arbitre a sifflé la fin de la partie et où nous avons enfin entonné « Et un, et deux, et trois, zéro ! ». C'était il y a bien longtemps…). Impossible d'ajouter « et elle gagne encore ce match en ce moment », ni « je continue à boire tout le temps du champagne pour cette raison depuis » : *I celebrated with some Champagne when the French team won the world cup.* **Le verbe sera dans ses formes de base.** (Voir le « Sésame de la conjugaison » ci-dessous et ses deux grandes divisions verticales.)

En revanche, si vous dites : « J'admire cet exploit » (je l'ai admiré depuis, et je l'admire toujours), vous récapitulez une antériorité remontant à cette fabuleuse partie ; votre admiration n'est pas encore périmée, elle est toujours valide à l'instant où vous parlez. **Le verbe sera à la forme récapitulative avec l'auxiliaire HAVE :** *I have admired this perfomance*[1]. (Voir le « Sésame de la conjugaison » ci-après et ses deux grandes divisions verticales.)

---

1. Si vous disiez « I admired this performance », tout le monde comprendrait que vous l'aviez admirée alors, et que votre admiration s'est évaporée, n'est plus une réalité maintenant. Que vous ne ressentez plus présentement cette admiration.

Sésame de la conjugaison

Nous y donnons les noms habituels du temps du verbe en anglais, et, au-dessus, une dénomination nouvelle, propre au globsih, qui devrait faciliter votre mémorisation.

Évoque un état ou un fait ou une action

		Ce qui est évoqué appartient au **présent**		Ce qui est évoqué appartient au **passé**		Ce qui est évoqué appartient au **futur**	
Sans durée supposée		I wash	my car every week	I washed	my car yesterday	I will wash	my car tomorrow
		Présent de base		*Passé de base*		*Futur de base*	
		Present tense		*Past tense*		*Future tense*	
		Je lave	ma voiture toutes les semaines	J'ai lavé	ma voiture hier	Je laverai	ma voiture demain
Doté d'une continuité, « en train de »		I am washing	my car and can't go to lunch	I was washing	my car when you called	I will be washing	my car until noon
		Présent de continuité		*Passé de continuité*		*Futur de continuité*	
		Present, Progressive form		*Past, Progressive form*		*Future, Progressive form*	
		Je lave (suis en train de laver)	ma voiture et ne peux aller déjeuner	J'étais en train de laver (ou je lavais)	ma voiture quand tu as appelé	Je serai à laver	ma voiture jusqu'à midi
							☺ I will wash my car. I will be finished by noon

		Ce qui est évoqué appartient au **présent**		Ce qui est évoqué appartient au **passé**		Ce qui est évoqué appartient au **futur**	
Dresse une récapitulation	Récapitulation sans durée supposée	I have washed	my car for thirty minutes	I had washed	my car when you called me	I will have washed	my car before you arrive tonight
			Présent récapitulatif		*Passé récapitulatif*		*Futur récapitulatif*
			Present perfect		*Past perfect*		*Future perfect*
		Je lave	ma voiture depuis 30 min (et je n'ai pas fini, ou je termine juste)	J'avais lavé	ma voiture lorsque tu m'as appelé	J'aurai lavé	ma voiture avant que tu n'arrives ce soir
				☺ I washed my car. Then you called me.		☺ I will wash my car. I will be finished before you arrive tonight.	
	Doté d'une durée, récapitulation dans la continuité, « en train de... jusqu'à »	I have been washing	my car since ten this morning	I had been washing	my car for ten minutes when you called	I will have been washing	my car for one hour by the time you arrive
			Présent de continuité récapitulatif		*Passé de continuité récapitulatif*		*Futur de continuité récapitulatif*
			Present perfect progressive		*Past perfect progressive*		*Future perfect progressive*
		Je suis occupé à laver	ma voiture depuis dix heures ce matin	J'étais occupé à laver	ma voiture depuis dix minutes quand tu as appelé	J'aurai lavé	ma voiture pendant une heure avant que tu n'arrives
		☺ I am washing my car. I started at ten this morning.		☺ I was washing my car. You called ten minutes after I started.		☺ I will wash my car. I will start one hour before you arrive.	

* ☺ Alternative globish. ** Ce qui se trouve dans les cases colorées est superflu et déconseillé en globish.

■ **Pour finir : ce dont il est discuté a-t-il joui d'une durée qui pourrait s'évaluer, avec un étalement dans le temps ? Ou au contraire d'une période de validité courte, voire instantanée ?**

1. Ou bien ce dont il est parlé jouit, a joui ou jouira d'une durée qui pourrait s'évaluer ; il y a un étalement dans le temps : vous êtes dans les conjugaisons de continuité. **Le verbe prendra les formes de continuité, avec l'auxiliaire TO BE, plus le verbe en** *-ing* **(participe présent).**

Conseil

Dit autrement par une image que vous mémoriserez, c'est la tournure convenant aux expressions ferroviaires. En effet, si vous pouvez, sans contrarier le sens, intercaler dans la phrase française « en train de » (in English, « *in the process of…* » et certainement pas « *in the train of…* »), vous devez utiliser cette formulation. « Je fume un cigare » peut, en perdant un peu d'élégance, se transformer en : « Je suis en train de fumer un cigare » et donc se traduire par : *I am smoking a cigar.* Pour être plus évocateur : *I have been dying to read your book on globish since it was published* (« Je meurs d'envie de lire ton livre sur le globish depuis qu'il a été publié » ; c'est une envie continue, et elle dure encore parce que la personne qui l'exprime a le tort de ne pas l'avoir encore acheté et lu).

2. Ou bien l'action n'a pas de durée et/ou est arrêtée, et il serait impossible d'introduire « en train de » sans altérer le sens : **le verbe sera dans les formes de base ou de récapitulation simples** (voir les rubriques du « Sésame de la conjugaison »). Exemple : *I smoke a cigar every Sunday*, « Je fume un cigare tous les dimanches ». Vous ne pouvez exprimer votre intelligent rationnement de havanes en énonçant « Je suis en train de fumer un cigare tous les dimanches ».

Le verbe et ses auxiliaires d'appréciation, de mode d'emploi

CAN – COULD – MAY – MIGHT – MUST – SHOULD – WILL – WOULD

Auxiliaire : « Qui aide par son concours[1].* » C'est exactement ce que font les auxiliaires d'appréciation : ils ajoutent une appréciation personnelle sur une action ou un état exprimés par le verbe auquel ils se trouvent associés ; ils en altèrent intentionnellement le sens, lui apportent une nuance, le transforment, le réorientent. « Je sais nager, je dois manger, je peux boire » ne disent pas la même chose que « je nage, je mange, je bois ». Devant les phrases mettant en œuvre ces auxiliaires, vous pourriez en effet ajouter, sans perdre le sens que vous souhaitez imprimer, « selon mon appréciation des circonstances en question... ». L'aménagement ainsi obtenu fait toujours appel au sens de l'un des verbes suivants : DEVOIR, VOULOIR, POUVOIR, OU SAVOIR (au sens d' « aptitude à » : « Il sait lire et écrire »). Ces auxiliaires ne concernent jamais des faits ; ils sont l'expression d'opinions, de points de vue des interlocuteurs au moment concerné. Les grammairiens officiels les appellent généralement des « auxiliaires modaux ».

Ces auxiliaires d'appréciation servent donc à exprimer des façons de penser ou d'agir et des sentiments, positifs ou négatifs : capacité, certitude, hypothèse, possibilité, permission, refus, recommandation, conditionnel, nécessité, prédiction, probabilité, suggestion, blâme, déduction, obligation, préférence, interdiction, volonté, etc.

Demandez-vous ce que vous voulez exprimer, et imprégnez-vous du tableau correspondant ci-après. À ces usages essentiels s'ajoutent nombre d'autres : vous les adopterez avec l'habitude, et sans peine une fois que vous en aurez compris la logique. Pour plus de détails et pour des alternatives faciles en globish, rendez-vous aux étapes Uniform et Victor.

---

1. Dictionnaire informatisé « *le Robert Dixel* », associé au logiciel de composition *ProLexis* utilisé pour rédiger cet ouvrage ; édités par la société DIAGONAL.

Auxiliaires d'appréciation

Selon mon appréciation subjective des circonstances en question	L'auxiliaire à utiliser est :
Je suis en mesure de… Je suis capable de… Je peux	*CAN : I am fourteen years old, I <u>can</u> have children now.* J'ai quatorze ans, je peux avoir des enfants maintenant (ma physiologie m'en donne les capacités).
Il m'est permis de… Je puis…	*MAY : And today, at eighteen, I have a good job, he loves me, I love him, I <u>may</u> have children now.* Et aujourd'hui, à dix-huit ans, j'ai un bon boulot, il m'aime, je l'aime, je peux avoir des enfants maintenant (rien ne s'y oppose).
Ce serait bien si je…	*WOULD : It <u>would</u> be great to have a baby next year.* Ce serait fantastique d'avoir un bébé l'an prochain.
Il faudrait que je…	*SHOULD : He agrees, I <u>should</u> have a baby next year.* Il est d'accord, il faudrait que j'aie un bébé l'an prochain.
Je veux…	*WILL : All things considered, I <u>will</u> have a baby next year.* Tout bien considéré, je veux un bébé pour l'an prochain.
Il faut que je…	*MUST : This is now a priority, I <u>must</u> have a baby next year.* Ceci est prioritaire maintenant, je dois avoir un bébé l'an prochain.
Il se pourrait que…	*MIGHT et COULD : My period is four weeks late, I <u>might</u> be pregnant, I <u>could</u> have a baby next year.* Mes règles sont en retard de quatre semaines, il se pourrait que je sois enceinte, il se pourrait que j'aie un bébé l'an prochain.
Certainement que…	*MUST : My period is now three months late and the test is positive, I <u>must</u> be pregnant.* Mes règles sont maintenant en retard de trois mois et le test est positif, je suis certainement enceinte.
Je dois… Il est impératif que…	*MUST : Now that I am pregnant, I <u>must</u> rest.* Maintenant que je suis enceinte, je dois me reposer.

Les verbes irréguliers et les verbes réguliers

Dans le vocabulaire du globish, vous trouverez les 101 verbes irréguliers présentés ci-après, mais pas un verbe irrégulier de plus. Tous les autres, réguliers, sont sans surprise.

▪ Présent de base et temps de continuité

L'infinitif des verbes correspond au présent de base indiqué ici : il suffit d'ajouter à la forme de base la particule « **to** »[1] (présent « **drive** », infinitif « **to drive** »). (Voir la colonne « Présent de base » dans le tableau ci-après.)

Les expressions de continuité (*I am driving, I have been driving, I will be driving...*) se forment simplement en ajoutant la terminaison **-ing** au présent de base, au besoin en supprimant au préalable le « **e** » final de certains verbes.

▪ Passé de base

Sont indiqués ci-dessous uniquement nos 101 verbes irréguliers. Les autres verbes retenus dans le vocabulaire du globish sont réguliers ; leur passé de base se forme régulièrement, en ajoutant la terminaison **-ed** au présent de base, ou simplement « **d** » si leur présent de base se termine par un « **e** » : *I cheer > I **cheered**, I love > I **loved**.*

▪ Participe passé

C'est ici la forme usitée à tous les temps évoquant une récapitulation (*I have driven, I had driven*), ainsi qu'au passif (*I was driven*). (Voir étape Zulu.)

Pour les verbes du globish qui sont réguliers, le participe passé a la même forme que le passé de base (*cheered, loved*).

---

1. Sauf pour le très fréquent *to be*, « être », dont le présent n'est pas *I be*, mais *I am*, comme vous le savez.

■ Classification des verbes irréguliers

Les méthodes dont vous pouvez être coutumier regroupent en général
les incontournables verbes irréguliers selon un ordre alphabétique. À
dessein, nous vous les présentons ici par similitude : ceux qui passent
du présent de base au passé de base par le même changement de voyelle
se trouvent ensemble, ceux dont le participe passé se forme par l'ajout
d'un « n » également, etc. Cela facilitera grandement votre travail
d'étude et votre prononciation.

Sésame de la conjugaison

Présent de base	👄	Passé de base	👄	Participe passé	👄	Français
drive	drïv	drove	dröv	driven	drìv ∂n	conduire
ride	rïd	rode	röd	ridden	rìd ∂n	aller à bicyclette
write	rït	wrote	röt	written	rìt ∂n	écrire
break	bräk	broke	brök	broken	brö k∂n	casser
choose	tchüz	chose	tchöz	chosen	tchö z∂n	choisir
forget	f∂r gèt	forgot	f∂r gòt	forgotten	f∂r gòt ∂n	oublier
freeze	frëz	froze	fröz	frozen	frö z∂n	geler
speak	spëk	spoke	spök	spoken	spö k∂n	parler
steal	stël	stole	stöl	stolen	stö l∂n	voler, dérober
begin	bì gìn	began	bì gàn	begun	bì gùn	commencer
drink	drìngk	drank	dràngk	drunk	drùngk	boire
run	rùn	ran	ràn	run	rùn	courir
shrink	shrìngk	shrank	shràngk	shrunk	shrùngk	se rétrécir
sing	sìng	sang	sàng	sung	sùng	chanter
spring	sprìng	sprang	spràng	sprung	sprùng	bondir
swim	swìm	swam	swàm	swum	swùm	nager
mistake	mìs täk	mistook	mìs tûk	mistaken	mìs tä k∂n	se tromper
shake	shäk	shook	shûk	shaken	shä k∂n	secouer
take	täk	took	tûk	taken	tä k∂n	prendre

Présent de base	👄	Passé de base	👄	Participe passé	👄	Français
blow	blö	blew	blü	blown	blön	souffler
fly	flï	flew	flü	flown	flön	voler (dans l'air)
grow	grö	grew	grü	grown	grön	croître, pousser
know	nö	knew	nyü	known	nön	savoir, connaître
throw	thrö	threw	thrü	thrown	thrön	lancer, jeter
withdraw	wìdh drò	withdrew	wìdh clrü	withdrawn	wìdh dròn	retirer
swear	swêr	swore	swôr	sworn	swôrn	jurer
tear	têr	tore	tôr	torn	tôrn	déchirer
wear	wêr	wore	wôr	worn	wôrn	porter (un vêtement)
show	shö	showed	shöd	shown	shön	montrer
be	bë	was, were	wòz, wèr	been	bìn/bën	être
beat	bët	beat	bët	beaten	bët ðn	battre
become	bì kùm	became	bì käm	become	bì kùm	devenir
bite	bït	bit	bit	bitten	bìt ðn	mordre
come	kùm	came	käm	come	kùm	venir
do	dü	did	dìd	done	dùn	faire
eat	ët	ate	ät	eaten	ë tðn	manger
fall	fòl	fell	fèl	fallen	fòl ðn	tomber
forbid	fðr bìd	forbade	fðr bäd	forbidden	fðr bìd ðn	interdire
forgive	fðr gìv	forgave	fðr gäv	forgiven	fðr gìv ðn	pardonner
give	gìv	gave	gäv	given	gìv ðn	donner

Présent de base	👄	Passé de base	👄	Participe passé	👄	Français
go	gö	went	wènt	gone	gòn	aller
hide	hïd	hid	hìd	hidden	hìd ∂n	cacher, se cacher
lie	lï	lay	lä	lain	län	être étendu
see	së	saw	sò	seen	sën	voir
bleed	blëd	bled	blèd	bled	blèd	saigner
feed	fëd	fed	fèd	fed	fèd	nourrir, se nourrir
lead	lëd	led	lèd	led	lèd	conduire, mener
meet	mët	met	mèt	met	mèt	rencontrer
read	rëd	read	rèd	read	rèd	lire
shoot	shüt	shot	shòt	shot	shòt	tirer (arme)
sleep	slëp	slept	slèpt	slept	slèpt	dormir
speed	spëd	sped	spèd	sped	spèd	aller vite
hear	hër	heard	hèrd	heard	hèrd	entendre
dig	dìg	dug	dùg	dug	dùg	creuser
hang	hàng	hung	hùng	hung	hùng	pendre
stick	stìk	stuck	stùk	stuck	stùk	coller
strike	strìk	struck	strùk	struck	strùk	frapper
awake	∂ wäk	awoke	∂ wök	awaken	∂ wä k∂n	s'éveiller, éveiller
get	gèt	got	gòt	gotten/got	gòt ∂n	obtenir, devenir
shine	shïn	shone	shòn	shone	shòn	briller
win	wìn	won	wùn	won	wùn	gagner

Présent de base	⬭	Passé de base	⬭	Participe passé	⬭	Français
bend	bènd	bent	bènt	bent	bènt	courber, plier
build	bìld	built	bìlt	built	bìlt	construire
lend	lènd	lent	lènt	lent	lènt	prêter
lose	lüz	lost	lòst	lost	lòst	perdre
send	sènd	sent	sènt	sent	sènt	envoyer
spend	spènd	spent	spènt	spent	spènt	dépenser (temps, argent)
deal (with)	dël	dealt	dèlt	dealt	dèlt	s'occuper, distribuer
mean	mën	meant	mènt	meant	mènt	vouloir dire
bring	brìng	brought	bròt	brought	bròt	apporter
buy	bï	bought	bòt	bought	bòt	acheter
catch	kàch	caught	kòt	caught	kòt	attraper
fight	fìt	fought	fòt	fought	fòt	se battre
seek	sëk	sought	sòt	sought	sòt	chercher
teach	tëch	taught	tòt	taught	tòt	enseigner
think	thìngk	thought	thòt	thought	thòt	penser
find	fìnd	found	found	found	found	trouver
pay	pä	paid	päd	paid	päd	payer
say	sä	said	sèd	said	sèd	dire
stand	stànd	stood	stûd	stood	stûd	être debout
understand	ùndƏrstànd	understood	ùndƏrstûd	understood	ùndƏrstûd	comprendre

Présent de base	◇	Passé de base	◇	Participe passé	◇	Français
feel	fël	felt	fèlt	felt	fèlt	sentir, se sentir
hold	höld	held	hèld	held	hèld	tenir
keep	këp	kept	kèpt	kept	kèpt	garder
leave	lëv	left	lèft	left	lèft	laisser, partir
sell	sèl	sold	sòld	sold	sòld	vendre
tell	tèl	told	tòld	told	tòld	dire, raconter
have	hàv	had	hàd	had	hàd	avoir
light	lït	lit	lït	lit	lït	allumer
make	mäk	made	mäd	made	mäd	fabriquer, faire
sit	sit	sat	sàt	sat	sàt	être assis
slide	slïd	slid	slïd	slid	slïd	glisser
burst	bèrst	burst	bèrst	burst	bèrst	éclater
cost	kòst	cost	kòst	cost	kòst	coûter
cut	kùt	cut	kùt	cut	kùt	couper
hit	hit	hit	hit	hit	hit	frapper
hurt	hèrt	hurt	hèrt	hurt	hèrt	blesser
put	pût	put	pût	put	pût	mettre, poser
set	sèt	set	sèt	set	sèt	poser
shut	shùt	shut	shùt	shut	shùt	fermer
spread	sprèd	spread	sprèd	spread	sprèd	étaler, étendre

Construction :
la génératrice de mots

L'anglais et son enfant le globish ont puisé leurs mots :

- Dans le fonds des langues non françaises des habitants et envahisseurs autres que Guillaume le Conquérant[1] et ses compagnons. Cela n'a pas été fait pour vous faciliter la tâche.

- Dans le patrimoine que les Français ont apporté à partir de 1066 à la langue d'outre-Manche : cela vous sera infiniment utile, et nettement plus accessible, mais parfois riche de traîtrises.

- Dans un talent sans pareil pour créer des mots par combinaisons d'autres mots, ou par ajouts de suffixes et de préfixes.

Les mots de Guillaume le Conquérant

Bonne nouvelle, ils sont majoritaires ; mauvaise nouvelle, leur prononciation est toute différente de chez nous, et il vous faut donc les réapprendre par l'ouïe. Néanmoins, ils vous seront d'une aide précieuse si vous retenez que :

- Nous ne pouvons vous donner ici que de grandes tendances, affligées d'innombrables exceptions.

- Tout ce que nous indiquons ci-après ne s'applique qu'aux mots et, par conséquent, aux verbes notamment ; mais leurs formes conjuguées peuvent demander quelque circonspection (exemple : les temps de *to read*, lire).

---

1. Ce Français de Normandie qui eut la bonne idée de conquérir l'Angleterre en 1066, d'y exporter notre langue et d'en faire là-bas le parler des riches, des puissants et des nobles. Comme l'expose très bien Henriette Walter (*Honni soit qui mal y pense*, Robert Laffont, 2001), il est bien fâcheux que Jeanne d'Arc ait « bouté l'Anglais hors de France ». Sans cette libération, notre langue serait encore celle du palais de Buckingham, de l'Angleterre, du Royaume-Uni et des anciennes colonies britanniques, dont les États-Unis d'Amérique. Vous n'auriez pas à apprendre le globish… D'où notre gratitude envers la Pucelle, à qui nous dédicaçons ce livre.

- Les monosyllabes français ont rarement été adoptés tels quels de l'autre côté du Channel[1], et les idées ci-dessous s'y étendent mal.

- Les vocables d'origine francophone sont souvent des mots distingués, voire recherchés, qui ont des frères dont l'origine ne se trouve pas en Normandie : ceux-ci sont en général plus plébéiens, et plus usités dans la langue parlée par tout le monde. Si vous employez les mots d'origine française avec un étranger dont la langue n'est pas latine, vous ne ferez que diminuer vos chances d'être compris.

- Nombre de mots angloricains découlent des nôtres. Leur début est le même, et leur terminaison est parfois identique, parfois transformée, mais dans ce cas d'une manière régulière, reconnaissable : autant bien comprendre leur méthode de construction pour les reconnaître. Ils ne figurent pas tous dans le globish, mais vous serez heureux de savoir les identifier. En voici quelques-uns :

La terminaison française en :	Devient souvent en anglais :	Illustrations
-té	-ty	society, reality, beauty
-eur	-or, -our[2]	professor, doctor, color
-ique	-ic	republic, historic, plastic
-if	-ive	active, offensive, native
-ien	-ian	musician, Canadian, Parisian
-aire, -oire	-ary, -ory	history, memory, anniversary
-ment	-ly	aggressively, generally, especially
-ie	-y	economy, anarchy, artillery
-ir	-ish	finish, punish
-user	-use	refuse, excuse
-iser	-ise, -ize	modernize, supervize
-uter	-ute	execute, persecute, permute
-eux	-ous	serious, vicious
-isme	-ism	nationalism, racism, islamism
-iel	-ial	official, material
-el	-al	sexual, formal, original

---

1. Appelé en Grande-Bretagne *the English Channel*, pour nous « la Manche ». À comparer avec le *Straight of Dover*, que tous les gens bien connaissent sous le nom de « Pas-de-Calais », et dont ils peuvent se demander ce qu'il a à faire avec Douvres (*Dover*)...

2. Terminaison « ...or » en Grande-Bretagne, « ...our » aux États-Unis d'Amérique.

- L'anglais et le français partagent des mots qui se ressemblent, et que vous allez apprendre à reconnaître. Mais ils n'ont pas toujours le même sens dans les deux langues : prudence, donc. Ce sont les « faux amis ». « *Actually* » ne veut pas dire « actuellement », mais « en réalité ». « *Slip* » ne veut pas dire « sous-vêtement intime », mais « jupon » (anecdote savoureuse dans *Don't speak English, parlez globish*). « *Eventually* » ne veut pas dire « éventuellement », mais « finalement », etc. Vous en trouveriez des centaines ou des milliers.

Les mots qui s'engendrent les uns les autres

Les mots ont deux procédés pour proliférer, et vous pourrez vous y essayer en globish, à condition de ne pas oublier l'attitude de base : votre but étant d'être compris, il vous faut commencer par vérifier humblement la réception du message. Si vous vous laissez aller à créer des mots, c'est encore plus indispensable.

Premier procédé, la chenille : les mots s'ajoutent et s'assemblent pour constituer un nouveau sens. La règle de base est que ce qui modifie, qualifie, documente, précise, est toujours placé avant ce qui bénéficie de la transformation : *a car race* est une course de voitures, tandis que *a race car* est une voiture de course. Parfois les mots restent séparés, parfois ils sont reliés par un trait d'union, « - », parfois ils sont accolés.

Le vocable *sea* (la mer) nous en donne une démonstration sans fin : *seafood* (fruits de mer), *sea-sickness* (mal de mer), *sea-floor* (fond sous-marin), *beam-sea* (vagues arrivant de travers), *seaman* (matelot), *sea-coast* (littoral), *seaplane* (hydravion), *seaway* (sillage d'un navire), *seaworthy* (en bon état pour prendre la mer), etc.

Certains de ces mots de composition sont si fréquents qu'ils deviennent des préfixes et engendrent toute une suite de vocables, en qualifiant ceux auxquels ils sont associés :

Mot ajouté	Son sens	L'idée	Le mot composé	Son sens
well	bien, bon	améliore	*well-being*	bien-être
			well-oiled	pompette
			well-off	à l'aise matériellement
good	bon	met en valeur	*goodwife*	maîtresse de maison
			goodwill	bienveillance
			good-natured	accomodant
ill	mauvais	dit le contraire	*ill-sounding*	malsonnant
			ill-starred	né sous une mauvaise étoile
			ill-treat	maltraiter
bad	mauvais	inflige un mauvais sens	*bad-mouth*	calomnier
			bad-looking	laid
			bad-mannered	mal élevé
down	en bas	fait descendre	*down-load*	télécharger
			down-town	centre-ville
			downfall	effondrement
out	hors	vers l'extérieur	*outfall*	déversoir
			outcome	aboutissement
			outdoors	en plein air
up	vers le haut	faire monter	*uphold*	soutenir
			uplift	soulever
			upgrade	surclasser (en avion)

La même manière d'enrichir le vocabulaire se trouve dans l'adjonction de préfixes souvent connus de vous déjà : comme en français, mais avec une fréquence et des raffinements encore plus riches. Vous aurez à votre disposition des dizaines de préfixes familiers, provenant du latin, avec des significations identiques : ab, ad, auto, bio, con, contra, contre (counter), de, dis, en, ex, extra, extro, in, inter, intra, intro, multi, non, ob, per, post, pre, pro, re, retro, sub, super, trans, ultra, etc.

Enfin, de nombreux suffixes sont également à votre disposition, et il vous faut en connaître les sens pour identifier un mot nouveau venu, composé à partir de celui que vous connaissez déjà et de ce suffixe.

À titre d'illustration, non content d'être à la fois verbe et nom avec la même orthographe, *care* (souci, se soucier) devient *careful* (soigneux, attentif), *careless* (insouciant), *carefully* (soigneusement), *carelessly* (négligemment), *carefulness* (soin, attention), *carelessness* (insouciance).

Ou encore *clock* (horloge), *clockwise* (dans le sens des aiguilles d'une montre), *counterclockwise* (dans le sens contraire des aiguilles d'une montre).

Ainsi du mot réputé le plus long de la langue anglaise (non retenu en globish) *antidisestablishmentarianism* la doctrine (*-ism*, comme dans *realism*) de ceux qui sont (*-arian* comme dans *vegetarian*), contre (*anti-*) la campagne visant à lutter pour la destruction (*-dis-*) de l'*establishment*. Vous pouvez en créer d'autres, pour battre le record : c'est autorisé, mais surtout pas en globish !

Le suffixe ajouté	donne un…	avec l'idée de…		d'où le mot composé	
-age	nom	acte de	état de	*shortage*	*acreage*
-ance, -ence	nom	nature de	acte de faire	*nuisance*	*reliance*
-er, -or	nom	celui qui fait		*borrower director*	*speaker*
-ery	nom	métier	état	*cannery*	*snobbery*
		emplacement			
-hood	nom	de la nature de		*childhood*	*likelihood*
-ness	nom	avec la qualité de		*snobbishness blindness*	*kindness*
-dom	nom	propriété de		*wisdom freedom*	*kingdom*
-ship	nom	découle en nature de…		*friendship*	*seamanship*
		au résultat soigné			
-al	nom	qui sert à		*refusal*	*burial*
-en	verbe	appliquer l'adjectif		*widen flatten*	*straighten*
-able, -ible	adjectif	capable de, méritant de		*comfortable avoidable*	*drinkable*
-ish	adjectif	de la nature de, proche de		*snobbish yellowish*	*childish*
-ful	adjectif	doté de		*beautiful fearful*	*plentiful*
-less	adjectif	dépourvu de		*topless hopeless*	*moneyless*

Enfin, en plus du cas possessif (étape November), le globish, comme l'anglais, accepte toutes les compositions par juxtaposition de mots. La tendance vous est familière, puisqu'elle a envahi le français : « Montargis tapis » signifie en réalité « les tapis de Montargis ». De même, vous pouvez sans trop de risques dire :

- *crewcut*, cheveux en brosse (comme la coupe des équipages de la Navy) ;
- *milkman*, laitier ;
- *eyedoctor*, ophtalmologiste (ne pas appliquer au gynéco et au proctologue) ;
- *watchman*, gardien, homme de quart (dans la Navy aussi) ;
- *stretchmarks*, vergetures ;

... et inventer, à partir de ce que vous connaissez par ailleurs, des mots qui vous semblent descriptifs.

Les adverbes découlent des adjectifs : l'ajout de la terminaison *-ly* transforme presque toujours un adjectif en adverbe, comme dans *evenly* (de *even*, uni, uniforme), *chiefly* (principalement, de *chief*), *cleanly, badly, beautifully, briefly, calmly*...

Toutes ces règles s'appliquent à tous types de mots : noms, verbes, adjectifs, adverbes, etc. Ne les utilisez pas inconsidérément quand vous vous exprimez en globish, mais soyez certain de ne pas être dérouté quand vous les rencontrerez.

Étape A {👄 ä[1]), Alfa[2] {👄 àl fə)

Les sons à maîtriser

En rouge, dans ces tableaux, les syllabes accentuées ; en noir, les syllabes non accentuées.

voyelle brève : 👄 à snack : 👄 snàk		voyelle longue : 👄 ä cake : 👄 käk	
📚	👄	📚	👄
apple[3]	àp əl	parade	pə räd
matter	màt ər	today	tə dä
happen	hàp ən	away	ə wä
passenger	pàs ən djər	baby	bä bë
command	kə mànd	make	mäk
traffic	tràf ìk	ancient	än shənt
travel	tràv əl	take	täk
animal	àn ə məl	change	tchändj
album	àl bəm	danger	dän djər
camera	kàm rə	afraid	ə fräd
family	fàm lë	inflation	ìn flä shən

---

1. La prononciation donnée ici, comme pour toutes les têtes de chapitre, est celle de la lettre « A » dans l'alphabet angloricain, et nullement celle de la première lettre, quand on épelle le nom du chapitre, ici « alfa ». La lettre « Y » se prononce « i grec » dans l'alphabet français, mais dans aucun mot de cette manière évidemment. Même chose en anglais, ou angloricain, et en globish.

2. Nos étapes, au nombre de 26, sont désignées par les lettres et les mots qui servent à épeler en alphabet international. Cette façon de procéder est la mieux comprise partout dans le monde, bien mieux que la méthode du type « N comme Noémie ». Avec cette première orthographe, « Alfa », on pourrait croire que l'alphabet international a préféré la dénomination d'une plante dont la fibre est utile à la fabrication du papier. En réalité, il s'agit de la première lettre que les Grecs ont jadis empruntée aux Sémites pour débuter comme eux leur alphabet. On la retrouve tant en arabe (alif) qu'en hébreux (alef). Son sens est « Taureau », l'animal mythique de cette époque, également retenu pour incarner le premier signe astral, la constellation que visitait le soleil à l'équinoxe de printemps, au moment du « point vernal ». Ce fut ensuite longtemps le Bélier, et maintenant les Poissons, constellation qui héberge le « point vernal ». De cette lettre et de la suivante « beth » (la « maison », transformé en « béta » par les Grecs) nous est arrivé le mot « alphabet ».

3. Traduction en français des principaux sens des mots à étudier dans nos leçons, en page d'accueil de www.jpn-globish.com, rubrique « les mots du globish et leurs traductions les plus habituelles ».

En rouge, dans ces tableaux, les syllabes accentuées ; en noir, les syllabes non accentuées.

voyelle brève : à snack : snàk		voyelle longue : ä cake : käk	
basket	bàs kìt	table	tä b∂l
cabinet	kàb ∂ nìt	able	ä b∂l
chance	tchàns	famous	fä m∂s
jacket	djàk ìt	labor	lä b∂r
actor	àk t∂r	awake	∂ wäk

Audio : www.jpn-globish.com, chapitre A-1, et répétez 50 fois à l'identique.

Vous trouverez aussi les traductions françaises de ces mots dans un lexique rendu disponible sur le même site. Le mieux pour vous est pourtant, pour chaque terme, de vous référer à Wordweb, et d'assimiler le concept porté par le mot en explorant tous ses synonymes. Noter le, ou les, sens français que vous imaginez pour ce vocable est conseillé. ENSUITE vous pouvez ouvrir un bon dictionnaire anglais-français, et vous découvrirez si votre pari de traduction est gagné. Et, s'il est perdu, la démarche vous aura beaucoup appris.

Surtout, conseil valable pour tout ce livre, ouvrez dès maintenant un robuste cahier cartonné ; il va vous accompagner durant toute votre étude, et nous l'appellerons dorénavant le « registre ». Vous y noterez les mots que vous apprenez, avec le maximum de sens et de synonymes, pour la raison que cela aidera vigoureusement votre capacité à vous les rappeler. La relecture de ces listes rafraîchira votre mémoire périodiquement. C'est ainsi que vous vous imprégnerez du concept multiforme auquel correspond chaque vocable, et non pas seulement de la réponse à la question : « À quel mot correspond-il en français ? »

À ce stade, vous noterez sous le titre « ALFA » les 20 phrases que nous vous demandons de créer. Plus tard, vous y reviendrez, et il n'est pas impossible que vous y découvriez des erreurs : comme elles vous seront apparues alors clairement, vous ne les commettrez plus ailleurs. Autre excellente manière d'apprendre.

Je suis, j'existe en ce moment :
le verbe *to be* au présent de base

> **My name <u>is</u> Pat, and <u>I'm</u> happy with this famous globish.**
>
> Je m'appelle Patricia, et je suis satisfaite de ce célèbre globish.

Comme en français, ÊTRE : « *To be or not to be, that is the question* », « Être ou ne pas être, telle est la question » (Hamlet). Également comme ÊTRE en français, ***TO BE*** est un verbe (traité ici) et un auxiliaire (voir étapes ultérieures).

Affirmation

📚 Forme écrite	✏️ Écrit abrégé	👄
I am in danger	*I'm*	Ïm
He is black	*He's*	Ëz
She is a baby	*She's*	Shëz
It is a game	*It's*	Ìts
We are sad	*We're*	Wër
You are late	*You're*	Yür
They are on the table	*They're*	Dhêr

Négation

📚 Forme écrite	✏️ Écrit abrégé	👄 Prononciation
I am not tall	*I'm not*	ïm nòt
He is not afraid	*He isn't*	ë ìz∂nt
She is not fat	*She isn't*	shë ìz∂nt
It is not an animal	*It isn't*	ìt ìz∂nt
We are not criminals	*We aren't*	wë âr∂nt
You are not away from the parade	*You aren't*	yü âr∂nt
They are not ancient	*They aren't*	dhä âr∂nt

Interrogation

📚	👄	📚	👄
Am I?	àm ï?	Are we?	âr wë?
Is he?	ìz ë?	Are you?	âr yü?
Is she?	ìz shë?	Are they?	âr dhä?
Is it?	ìz ìt?		

Questions oui/non	Réponses brèves
Are you a passenger?	Yes, I am – No, I'm not
Is he awake?	Yes, he is – No, he isn't
Are they French?	Yes, they are – No, they aren't

Ne répondez jamais à une question par un simple *yes* ou *no*, ou *maybe* (peut-être), mais toujours par ce terme complété d'une phrase avec un verbe, de nature à l'expliciter. Encore plus indispensable en globish qu'en simple anglais. Vous pouvez même n'utiliser que cette courte phrase, sans yes, no, ou maybe : « Are you French? », « I am ». Plus officiellement lors d'un mariage, l'officiant demande : « Monsieur, acceptez-vous de donner votre fille, Audrey, en mariage à Jack Tar, ici présent ? », réponse formelle « I do », et surtout pas « yes » tout seul.

Questions ouvertes

Who are you? – Qui êtes-vous ?
What is he? – Que fait-il comme travail ?
Where are they? – Où sont-ils ?

Questions ouvertes et réponses

Who are you?	I'm John Brown.
What is she?	She's a doctor.
Where are they?	They're in Venice.

Une réponse à une question ouverte doit toujours contenir un verbe conjugué de manière appropriée. À la première question ci-dessus, vous ne pouvez répondre simplement « John Brown ».

Il vous faut toujours construire une phrase entière, même si elle est courte : « I'm John Brown ».

Exemples de phrases négatives

The danger isn't great.	*The tables aren't white.*
He isn't a famous actor.	*We aren't ready yet.*

À voix haute 👤💬, créez 20 phrases affirmatives, négatives et interrogatives, selon les modèles ci-dessus, en utilisant le verbe ***TO BE*** au présent de base et les mots qui illustrent les sons de l'étape.

📋 À écrire dans le registre.

🖥 🔊 🔉 Correction et audio : www.jpn-globish.com, chapitre A-2, et 👤💬 répétez 50 fois en imitant le son du mieux possible.

Bonus de l'étape : j'ai des émotions, des sensations

TO BE sert aussi à exprimer les sensations, les états ou les émotions. Ici, il correspond souvent à notre verbe **AVOIR**. Quelquefois, il peut également se traduire par **ÊTRE**.

I'm hungry (I am)	J'ai faim
I'm sleepy	J'ai sommeil
I'm sick	J'ai mal au cœur
I'm hot	J'ai (trop) chaud
I'm warm	J'ai bien chaud
I'm cold	J'ai froid
I'm angry (at somebody)	Je suis en colère
I'm afraid (of)	J'ai peur (de)
I'm ashamed (of)	J'ai honte (de)
I'm lucky	J'ai de la chance
I'm used (to)	J'ai l'habitude (de)
I'm right	J'ai raison
I'm wrong	J'ai tort
I'm sick and tired of this	J'en ai ras le bol

D'ailleurs, si vous vouliez dire *je suis affamé, je suis sommeilleux, je suis honteux*, etc., vous vous y retrouveriez sans peine.

La locution « Est-ce que… ? » ne se traduit pas : « Est-ce que vous êtes étudiants ? **Are you students?** » Littéralement et en bon français « Êtes-vous étudiants ? ».

Angloricaine curiosité : les trois « R »

Les « trois R » font référence à *(to) **read**, (to) **write**, (to) **reckon***, soit : lire, écrire, calculer. Les trois R sont le programme de l'école primaire américaine (« primary school », jusqu'à huit ans). Celle-ci fait suite à l'école maternelle, bizarrement affublée du nom germanique de « kinder garten » (pour « jardin d'enfants »).

La première classe de « primary school » se nomme « grade one », ou « first grade ». La terminale est appelée « grade twelve » : il s'agit de la fin du secondaire, « high school » aux États-Unis. Tout l'inverse du français dans la numérotation.

Le globish a l'ambition de vous faire progresser quant aux deux premiers « R » au point de vous conduire au niveau suffisant. Pour ce qui concerne le calcul, vous n'avez besoin de rien, d'ailleurs vous continuerez toujours à calculer dans votre langue maternelle.

Conseil

Le moyen le plus sûr de découvrir la langue maternelle de quelqu'un reconnu comme parfaitement bilingue est le suivant : vous lui demandez d'additionner à haute voix 5 nombres, chacun de 5 chiffres, ou de réciter ses tables de multiplication. S'il peut le faire en français, c'est qu'il a grandi dans cette langue. C'est l'un des procédés employés pour confondre les espions étrangers.

La chanson de l'étape

« Strangers in the night »

🖥 🔊 👂 Paroles sur www.jpn-globish.com. 🗣 Pratiquez toute la semaine, jusqu'à pouvoir gagner les concours de karaoké avec une prononciation irréprochable, même et surtout si vous ne comprenez pas les paroles.

Étape B {👄 bë}, Bravo[1] {👄 brâ vö}

Les sons à maîtriser

symbole : â	symbole : êr
star : 👄 stâr	chair : 👄 tchêr

📚	👄	📚	👄
bar	bâr	parent	pêr ∂nt
garden	gâr d∂n	airplane	êr plän
start	stârt	airport	êr pôrt
large	lârdj	necessary	nès ∂ sêr ë
dark	dârk	careful	kêr f∂l
parliament	pâr l∂ m∂nt	swear	swêr
mark	mârk	compare	k∂m pêr
arm	ârm	declare	dì klêr
target	târ gìt	hair	hêr
calm	kâm	nowhere	nö wêr
card	kârd	area	êr ë ∂
far	fâr	repair	rì pêr
hard	hârd	share	shêr
march	mârtch	square	skwêr
parcel	pâr s∂l	terror	têr ∂r
part	pârt	very	vêr ë

🖥 🔊 🗣 Audio : www.jpn-globish.com, chapitre B-1, et 👤 répétez 50 fois à l'identique.

---

1. Selon le *Dictionnaire historique de la langue française*, (sous la direction d'Alain Rey, Dictionnaires Le Robert), locution empruntée dès 1738 à l'italien pour encourager ou approuver une personne. Comme il s'agit d'un adjectif, les Italiens l'accordent à la personne dans leurs applaudissements : *bravo* à un homme, *brava* à une femme, *bravi* à un groupe.

Ce que je fais en ce moment n'est pas instantané, mais jouit d'une durée : le verbe ordinaire au présent de continuité

> **<u>I am chairing</u> a convention on market targets.**
>
> Je préside un congrès sur les objectifs du marché.

Pour une activité en progression au moment où je me place, qui continue dans sa validité jusqu'à nouvel ordre.

Période longue ou courte, mais actuelle.

Verbe **TO BE** en auxiliaire, avec le participe présent (toujours obtenu en ajoutant la terminaison **-ing**[1] à la fin de l'infinitif qui désigne usuellement le verbe). Ici au présent, cet auxiliaire **TO BE** se met au futur (**I will be chairing, I'll be chairing**) avec le participe présent de la même manière. Également au passé (**I was chairing**, voir étape Echo, et **I have been chairing**).

☺ *Alternative globish*

Vous vous passerez des autres temps du passé et du futur (voir zones grisées dans le tableau « Sésame des verbes conjugués »).

Affirmation	Négation
I'm wearing	I'm not declaring
He's calming	He isn't parading
She's targeting	She isn't sharing
It's starting	It isn't happening
We are marching, We're…	We aren't parting
You are enlarging, You're…	You aren't marking
They are barring, They're…	They aren't gardening

---

1. Ce participe présent peut aussi servir, comme en français, à qualifier quelque chose, en lieu et place d'un adjectif épithète : **the developing countries**, *les pays en voie de développement*. Il peut également être employé comme substantif : **my learning of globish**, *mon étude du globish*, **his growing**, *sa croissance*.

Interrogation

Am I repairing?	*Are we repairing?*
Is he repairing?	*Are you repairing?*
Is she repairing?	*Are they repairing?*

À voix haute ♟, créez 20 phrases affirmatives, négatives et interrogatives, selon les modèles ci-après, en utilisant les mots qui illustrent les sons de l'étape.

📋 À écrire dans le registre.

Questions oui/non	**Réponses brèves**
Is the man taking a taxi?	*Yes, he is – No, he isn't*
Are you comparing them?	*Yes, I am – No, I'm not*
Is she working today?	*Yes, she is – No, she isn't*

Questions ouvertes

Who's working today?	*Paul is.*
Where are you running to?	*I'm running to the store.*
What's he doing?	*He's waiting for Jane.*

Who's = Who is, What's = What is, Where's = Where is.

Créez vos phrases en vous inspirant de l'exemple suivant :

Kate	*(to carry)*	*the garden chair*

Is Kate carrying the garden chair? Yes, she is – No, she isn't.

Créez vos phrases. 📋 À écrire dans le registre :

we	(to go)	to the airport
the cat	(to play)	with a paper
Phil	(to take)	a basket
the Martins	(to ask)	a question
my father	(to wait)	for a bus
he	(to travel)	to Canada
you	(to thank)	James
they	(to make)	money

📋 À écrire dans le registre.

🖥️ 🔊 👂 Correction et audio : www.jpn-globish.com, chapitre B-2, et 🗣️ répétez 50 fois en imitant le son du mieux possible.

🗣️ Dites aussi vos alternatives en suivant l'exemple ci-après :

Monica	(to carry)	basket	baby

Is Monica carrying the basket?

*No, she isn't, **but** she is carrying the baby.*

À vous !

Sujet	Verbe	Option 1	Option 2
My father	(to carry)	a bag	a basket
Pat	(to take)	a glass	an apple
Mrs Jones	(to wear)	a hat	a raincoat
Bob and I	(to thank)	Pat	Alan
Champions	(to travel)	by car	by air

🖥️ 🔊 👂 Correction et audio : www.jpn-globish.com, chapitre B-3, et 🗣️ répétez 50 fois en imitant le son du mieux possible.

Bonus de l'étape : les articles

Articles	Explications
un, une = *a, an*	*a* {⟺ ∂} devant une consonne *an* {⟺ ∂n} devant une voyelle[1]
le, la, les, l' = *the*	*the* {⟺ dh∂} devant une consonne *the* {⟺ dhë} devant une voyelle, prononciation différente
des = (Ø)	Il n'y a pas d'équivalent, on ne dit rien.

Exemples d'utilisation

The man is carrying Ø <u>parcels</u>.	L'homme porte des colis.
The man is carrying <u>the parcel</u>.	L'homme porte le colis.
The man is carrying <u>a parcel</u>.	L'homme porte un colis.

Angloricaine curiosité : les études supérieures aux États-Unis

I take an exam.

Je passe un examen.

I pass an exam.

Je réussis à un examen.

En fonction de vos notes, votre « high school » vous donne ou vous refuse un certificat de succès à vos études secondaires. Ceux qui obtiennent ce certificat peuvent dire : *I am a high school graduate* ; les autres se contenteront de *I completed high school*. À la sortie, un examen national optionnel distribue des notes qualifiant le niveau atteint, cela en vue des candidatures aux études supérieures (*further education*). Il s'agit du Scholastic Aptitude Test (SAT), différent de notre

---

1. Et devant un « h » muet, seulement dans *hour, heir, honor* et leurs dérivés : *an honorable gentleman will arrive in half an hour.*

bac en ce qu'il ne donne pas un verdict sanctionnant « la réussite » ou « l'échec ». Mais personnalité, réalisations individuelles, ambitions, aptitudes à faire briller l'équipe sportive, recommandations influentes, filiation et fortune familiale peuvent aussi compter dans la décision de l'université que vous convoitez. Les études professionnelles et techniques (appelées « *vocational* ») débouchent sur un « *vocational training certificate* », (par exemple « *vocational training certificate in cooking* », ou autre chose selon la discipline).

Les études supérieures, souvent fort coûteuses, se divisent en trois étapes :

- **College** (souvent une partie d'une *University*), qui appartient bien aux études supérieures, et non secondaires, à l'inverse de ce que ferait croire son nom. Quatre ans débouchent sur un *Bachelor's degree* (baccalauréat en traduction littérale, rien à voir avec le nôtre) en « science », ou en « art » (tout ce qui n'est pas scientifique).

- **Graduate School** ensuite. Deux ans qui conduisent au *Master's degree*, en « science », en « art » ou en « business administration » (le MBA, recherché comme complément par nombre d'étudiants français).

- **University** : il faut deux à quatre ans pour obtenir le diplôme ultime, soit le PhD, qui signifie docteur en philosophie mais s'applique à toutes les disciplines. Ceux qui en sont titulaires se font souvent appeler « Doctor » → « Doctor Miller ».

Les personnes dotées de plusieurs titres les énuméreront alors ainsi : « BS, MS, PhD », pour « *Bachelor of Science, Master's degree in Science, PhD* ». Ce que leurs conjoints moins diplômés traduisent par dérision en « *BullShit, More Shit, Pile higher and Deeper* », soit Foutaises, encore plus de Foutaises, tu les empiles encore plus haut et plus profondément.

Conseil

Pour parler de vous-même, référez-vous à la durée de vos études dans votre pays et attribuez-vous le titre équivalant à ce nombre d'années, sans plus de raffinement, en précisant la spécialité.

Il se trouve aussi de nombreuses formations spécialisées : *Law schools* (juridique), *Medical schools* (médecine), *Business schools* (écoles de commerce, pour nous, où se trouve davantage enseignée l'administration des affaires que le commerce et ses arts de la négociation).

La notion de concours à la française est difficile à comprendre à l'étranger. En outre, les études supérieures que nous poursuivons dans les grandes écoles françaises, généralement à bac + 5, sont difficilement décryptables outre-Atlantique.

Conseil

✔ Si vous avez bac + 5, le mieux est de dire que vous détenez un *Master's degree*.
✔ Le titre d'ingénieur se traduit très mal. Enfoui dans ingénieur, vous trouvez en français le mot vraiment flatteur : « génie ». Mais les Américains ne voient rien de bien avantageux dans *engineer*, qui ne leur offre que « engine », la « machine », et ce titre ne représente pour eux que le « mécanicien », bien loin du successeur de Gustave Eiffel. À éviter donc, et à remplacer par quelque chose du genre « *Master' s degree in mechanical engineering* », ou autre chose, selon votre spécialité.
✔ N'essayez pas non plus de traduire littéralement « grande école » : des contresens burlesques vous attendraient. Vous pourriez ainsi être tenté par « *high school* », or, nous l'avons vu précédemment, il s'agit du secondaire. Parlez de « *top university* ».

Les enseignants s'appellent en général « *teacher* » en primaire et secondaire, mais « *professor* » dans l'enseignement supérieur.

Notez que l'énoncé de votre titre ou profession obéit en anglais à une logique différente : « Je suis docteur » se dira « I am a doctor » et non « I am doctor ».

La chanson de l'étape

« Thank Heaven for Little Girls. »

🖥 🔊 🗪 Paroles sur www.jpn-globish.com. 🗪 Pratiquez toute la semaine.

Étape C {👄 së}, Charlie[1] {👄 tchâr lë}

Les sons à maîtriser

voyelle brève : 👄 è	voyelle longue : 👄 ë
best : 👄 bèst	speed : 👄 spëd

📚	👄	📚	👄
credit	krèd it	atmosphere	àt m∂s fër
friend	frènd	cheese	tchëz
center, centre	sèn t∂r	complete	k∂m plët
medecine	mèd ∂ s∂n	material	m∂ tër ë ∂l
possess	p∂ zès	easy	ë zë
record	rèk ∂rd	media	më dë ∂
protect	pr∂ tèkt	freedom	frë d∂m
accept	àk sèpt	legal	lë g∂l
pregnant	près n∂nt	memory	mèm ∂ rë
expert	èk spèrt	disease	d∂ zëz
depend	dì pènd	equal	ë kw∂l
effort	èf ∂rt	breathe	brëdh
empty	èmp të	police	p∂ lës
instead	ìn stèd	reason	rë z∂n
second	sèk ∂nd	succeed	sèk sëd
suppress	s∂ près	season	së z∂n

🖥 🔊 🎙 Correction et audio : www.jpn-globish.com, chapitre C-1, et
🗣 répétez 50 fois à l'identique.

---

1. Surnom affectueux destiné à tous les Charles. Cela dit, plus habituel pour Chaplin que pour le prince de Galles ou l'empereur à la barbe fleurie, *a fortiori* le Général de brigade pilotant la Résistance depuis Londres en 1940.

Je détiens, j'ai quelque chose en ce moment : le verbe *to have* au présent de base

> **<u>*I have*</u> *a good record here.***
>
> Je dispose ici d'un bon historique.

Comme en français, « avoir », « détenir ». Son présent de base est employé pour parler de faits présents. Comme **AVOIR** en français aussi, **TO HAVE** est un verbe (traité ici) et un auxiliaire (voir étapes ultérieures).

Affirmation	Négation	Interrogation
I have	I don't have	Do I have?
He has	He doesn't have	Does he have?
She has	She doesn't have	Does she have?
It has	It doesn't have	Does it have?
We have	We don't have	Do we have?
You have	You don't have	Do you have?
They have	They don't have	Do they have?

Questions oui/non	Réponses brèves
Do you have a friend here?	Yes, I do – No, I don't
Does he have a job in this company?	Yes, he does – No, he doesn't
Do they have a second reason?	Yes, they do – No, they don't

Tous les verbes ordinaires utilisent ce temps du présent de base : ***I love, I buy, I want, I work...*** Cette forme au présent de base ne s'emploie jamais pour les activités en cours, dotées d'une continuité, qui exigent la forme en ***-ing*** vue à l'étape Bravo. Le présent de base du verbe ordinaire est toujours identique à la forme donnée pour l'infinitif (***to love, I love***), à l'exception de la troisième personne du singulier qui prend un « s » à la fin (***he/she loves***), et des auxiliaires.

Exemples de questions ouvertes

Who do you have a drink with on Mondays?	Avec qui prenez-vous un verre le lundi ?
What does she have on her head?	Qu'est-ce qu'elle a sur la tête ?
Where do you have your coffee at noon?	Où buvez-vous le café à midi ?

À voix haute 🗣 créez 20 phrases interrogatives en utilisant le verbe *to have* au présent de base, en vous fondant sur les phrases modèles ci-dessus et à l'aide des mots de l'étape (ou de vos propres mots). Construisez au moins 10 questions oui/non (sans mot interrogatif : ***Have you...?***) et 10 questions ouvertes (avec mot interrogatif), chacune avec une réponse. Répondez-y brièvement.

📋 À écrire dans le registre.

🖥 🔊 💡 Correction et audio : www.jpn-globish.com, chapitre C-2, et 🗣 répétez 50 fois en imitant le son du mieux possible.

Exemples de phrases négatives

This individual doesn't have a good reason.
We don't have dinner at five.
They don't have an empty seat for you.

À voix haute 🗣, créez 20 phrases affirmatives, négatives et interrogatives, selon les modèles ci-dessus, en utilisant les mots qui illustrent les sons de l'étape. 📋 À écrire dans le registre.

🖥 🔊 💡 Correction et audio : www.jpn-globish.com, chapitre C-3, et 🗣 répétez 50 fois en imitant le son du mieux possible.

To have to pour exprimer l'obligation au présent

I have to go to work.	Je dois aller travailler.
I have to get petrol (gas) soon.	Je dois prendre de l'essence bientôt.

🗣 Créez vos phrases affirmatives, négatives et interrogatives avec l'expression ***to have to*** exprimant l'obligation au présent. 📋 À écrire dans le registre.

Bonus de l'étape : exprimer chiffres et nombres

> 10	11 > 20	21 > 30	*Tens*
One	Eleven	Twenty-one	Ten
Two	Twelve	Twenty-two	Twenty
Three	Thirteen	Twenty-three	Thirty
Four	Fourteen	Twenty-four	Forty
Five	Fifteen	Twenty-five	Fifty
Six	Sixteen	Twenty-six	Sixty
Seven	Seventeen	Twenty-seven	Seventy
Eight	Eighteen	Twenty-eight	Eighty
Nine	Nineteen	Twenty-nine	Ninety
Ten	Twenty	Thirty	One hundred

404	Four hundred AND four
414	Four hundred AND fourteen
440	Four hundred AND forty
1,000	One thousand
1,652	One thousand, six hundred AND fifty-two
100,000	One hundred thousand

Pour une voiture, un modèle, « 404 » se dit « *four 0 four* » et « 1911 » se dit « *nineteen eleven* ».

Angloricaine curiosité : un et demi

En français, 1,5 est singulier (pas encore deux) : 1,50 euro.

En anglais, **1.5** est pluriel (plus qu'un) : **1.50 euros**.

La chanson de l'étape

« *Unforgettable.* »

🖥️ 🔊 🗣️ Paroles sur www.jpn-globish.com. 💬 Pratiquez toute la semaine.

Étape D {⟨⟩ dë), Delta[1] {⟨⟩ dèl tə)

Les sons à maîtriser

voyelle brève : ⟨⟩ i	voyelle longue : ⟨⟩ ï
pin : ⟨⟩ pin	light : ⟨⟩ lït

📚	⟨⟩	📚	⟨⟩
similar	sim ∂ lər	knife	nïf
citizen	sit ∂ zən	light	lït
distance	dis təns	climate	klï mìt
liquid	lik wìd	diet	dï ∂t
minute	min ìt	twice	twïs
opinion	∂ pin yən	society	s∂ sï ∂ të
civilian	s∂ vil yən	supply	s∂ plï
religion	rì lidj ∂n	silence	sï l∂ns
signal	sig n∂l	provide	pr∂ vïd
consider	kən sid ∂r	surprise	sər prïz
different	dif r∂nt	violence	vï ∂ l∂ns
criminal	krim ∂ n∂l	quiet	kwï ∂t
demand	dì mànd	advise	àd vïz
build	bild	require	rì kwïr
dinner	din ∂r	drive	drïv
dismiss	dìs mis	private	prï vìt

🖥 🔊 👂 Correction et audio : www.jpn-globish.com, chapitre D-1, et
👤 répétez 50 fois à l'identique.

---

1. Quatrième lettre de l'alphabet grec, « Δ », également empruntée à l'alphabet sémitique, et que l'on retrouve en hébreu sous la forme *dalet*, où elle signifie aussi « porte ».

J'étais, j'existais précédemment : le verbe *to be* au passé de base

> ### I was a very quiet child.
> J'ai été un enfant très tranquille (et je ne suis plus un enfant).

Affirmation

I was	ï wòz	We were	wë wèr
He was	ë wòz	You were	yü wèr
She was	shë wòz	they were	dhä wèr
It was	ìt wòz		

Négation

I was not	I wasn't	ï wòz ∂nt
He was not	He wasn't	ë wòz ∂nt
She was not	She wasn't	shë wòz ∂nt
It was not	It wasn't	ìt wòz ∂nt
We were not	We weren't	wë wèr ∂nt
You were not	You weren't	yü wèr ∂nt
They were not	They weren't	dhä wèr)nt

Interrogation

Was I?	wòz ï?	Were we?	wèr wê?
Was he?	wòz ê?	Were you?	wèr yü?
Was she?	wòz shê?	Were they?	wèr dhä?
Was it?	wòz ìt?		

Questions oui/non   Réponses brèves

Questions oui/non	Réponses brèves
Were you in Canada?	Yes, I was – No, I wasn't
Was he a citizen?	Yes, he was – No, he wasn't
Were they nice?	Yes, they were – No, they weren't

Questions ouvertes

Who were they? – Qui étaient-ils ?
What was he? – Quelle était sa profession ?
Where was she? – Où était-elle ?

Exemples de phrases négatives

The dinner wasn't ready.
He wasn't a famous actor.
The men weren't criminals.
The climate wasn't calm.

À voix haute 🗣, créez 20 phrases affirmatives, négatives et interrogatives, utilisant les mots qui illustrent les sons de l'étape, avec le verbe ***to be*** au passé de base, selon les modèles ci-dessus.

📋 À écrire dans le registre.

🖥 🔊 👂 Correction et audio : www.jpn-globish.com, chapitre D-2, et 🗣 répétez 50 fois en imitant le son du mieux possible.

Bonus de l'étape : le nom, et le pronom qui le remplace

Si l'on dit :	Avec le pronom :	L'expression correcte sera :
I know Tim (je connais Tim)	*him* (le, lui)	*I know him* (je le connais)
I know Susan	*her* (elle, la)	*I know her*
I know this movie	*it* (le, la, lui, elle)	*I know it*
She knows Jack	*me* (me, moi)	*She knows me*
She knows Bill	*you* (te, toi, vous)	*She knows you, Bill*
She knows you and me	*us* (nous)	*She knows us*
We know Tim and Susan	*them* (elles, eux, les)	*We know them*

Angloricaine curiosité : bonjour

How do you do! ne se traduit pas par « Comment allez-vous ? ». Il signifie tout simplement bonjour !

La seule réplique possible est ***How do you do!***

Cette formule de politesse anglaise leur vient de l'ancienne forme française pour dire bonjour, qui était « Comment faites-vous ? ».

Mais ***How are you?*** est plus proche d'une vraie question sur l'état dans lequel se trouve celle ou celui qui la reçoit.

How are you doing? se dit aussi, et nous offre une illustration du présent de continuité discuté en étape Bravo.

La chanson de l'étape

« *I get a kick out of you.* »

🖥 🔊 🎧 Paroles sur www.jpn-globish.com. 👤 Pratiquez toute la semaine.

Étape E {� ë), Echo[1] {⟷ èk ö)

Les sons à maîtriser

voyelle brève : ⟷ ò	voyelle longue : ⟷ ö
rock : ⟷ ròk	gold : ⟷ göld

📚	⟷	📚	⟷
bottle	bòt ∂l	coast	köst
collar	kòl ∂r	control	k∂n tröl
college	kòl ìdj	window	wìn dô
common	kòm ∂n	postpone	pôst pön
technology	tèk nòl ∂ djë	radio	rä dë ö
continent	kòn t∂ n∂nt	propose	pr∂ pöz
responsible	rì spòn s∂ b∂l	load	löd
document	dòk y∂ m∂nt	telephone	tèl ∂ fön
honest	òn ìst	progress	prö grès
holiday	hòl ∂ dä	soap	söp
moderate	mòd ∂r ìt	social	sö sh∂l
bottom	bòt ∂m	cooperate	kô òp ∂r ät
colony	kòl ∂ në	flow	flö
popular	pòp y∂ l∂r	explode	èk splöd
occupy	òk y∂ pï	know	nö
conference	kòn f∂r ∂ns	program	prö gràm

🖥 🔊 🗣 Correction et audio : www.jpn-globish.com, chapitre E-1, et
👤 répétez 50 fois à l'identique.

---

1. Il ne s'agit pas seulement du son, ou plus généralement du signal, répercuté et renvoyé par une surface : ce fut surtout une nymphe que désira Pan, le grand paillard. Pour préserver la vertu de la jeune fille, son père, le fleuve Ladon, la changea en un roseau sur sa rive. Pan en fit sa célèbre flûte (selon la légende mythologique...).

J'exprime une action passée et je précise que cette action a eu une durée : le verbe ordinaire au passé de continuité

> ***We <u>were getting</u> along so well yesterday!***
> Nous nous entendions si bien hier !

Pour une activité, une réalité en progression, avec une continuité, à une période du passé. Décrit fréquemment une activité secondaire par rapport à l'activité principale. Correspond le plus souvent à l'imparfait de la langue française. Met au passé la forme du présent de continuité présentée à l'étape Bravo.

Affirmation / **Négation**

Affirmation	Négation
I was phoning	I wasn't phoning
He was postponing	He wasn't postponing
She was progressing	She wasn't progressing
It was exploding	It wasn't exploding
We were cooperating	We weren't cooperating
You were controlling	You weren't controlling
They were loading	They weren't loading

Interrogation

Was I phoning?	Were we cooperating?
Was he postponing?	Were you controlling?
Was she progressing?	Were they loading?
Was it exploding?	

« Phoning » est l'abréviation coutumière de « telephoning ».

À voix haute 👤, créez 20 phrases affirmatives, négatives et interrogatives, selon les modèles ci-après, au passé de continuité. 📋 À écrire dans le registre.

Questions oui/non

Was the man writing a letter?	Yes, he was – No, he wasn't
Were you travelling together?	Yes, we were – No, we weren't
Was he flying to Paris on British Airways?	Yes, he was – No, he wasn't

Questions ouvertes et réponses

Who were you discussing with?	I was discussing with James.
Where were you going?	I was going to Toronto.
What was she holding?	She was holding a handbag.

🖥 🔊 🗣 Correction et audio : www.jpn-globish.com, chapitre E-2, et 👤 répétez 50 fois en imitant le son du mieux possible.

Bonus de l'étape :
les démonstratifs, adjectifs et pronoms

this =	**these =**	**that =**	**those =**
ceci	ceux-ci, celles-ci	cela	ceux-là, celles-là

I am washing this car.	This is the document.
These printers are working.	But those are being loaded.
I am postponing those interviews.	But these are worrying me.
Are you driving that car?	That is interesting.

<u>**This car**</u> **is a Ferrari.** <u>**That car**</u> **is a Porsche.**

Cette voiture-ci… Cette voiture-là…

<u>**These cars**</u> **are Italian.** <u>**Those cars**</u> **are German.**

Ces voitures-ci (proches)… Ces voitures-là (plus éloignées)…

Angloricaine curiosité : l'argent

Il s'agit de *money* (ou **dough** = fric).

En Grande-Bretagne : **a ten-pound banknote** (un billet de dix livres).

Aux États-Unis : **a ten-dollar bill**. Tous les billets sont verts au verso, d'où leur surnom, **green-backs**, et la plaisanterie, « **I like green** ».

Les pièces américaines ont des noms : 25 cents = **a quarter** (un quart de dollar), 10 cents = **a dime** (le dixième, comme la dîme en France autrefois), 5 cents = **a nickel**. Le nickel est plus gros que la *dîme*, malgré une valeur inférieure : c'est que jadis cette dernière était en argent, et le nickel en nickel.

La chanson de l'étape

« *You make me feel so young.* »

⬜ ◀)) 👂 Paroles sur www.jpn-globish.com. 👤 Pratiquez toute la semaine.

Étape F {⬭ èf}, Foxtrot[1] {⬭ fòks tròt}

Les sons à maîtriser

voyelle brève : ⬭ ù	voyelle longue : ⬭ ü
cup : ⬭ kùp	cool : ⬭ kül

📚	⬭	📚	⬭
country	kùn trë	group	grüp
come	kùm	movie	müv ë
above	∂ bùv	improve	ìm prüv
discuss	dìs kùs	wound	wünd
govern	gùv ∂rn	tooth	tüth
sudden	sùd ∂n	jewel	djü w∂l
adult	∂ dùlt	balloon	b∂ lün
recover	rë kùv ∂r	rule	rül
comfort	kùm f∂rt	sure	shür
husband	hùz b∂nd	cure	kyür
stomach	stùm ∂k	influence	in flü ∂ns
structure	strùk tch∂r	insurance	ìn shür ∂ns
substance	sùb st∂ns	resolution	rèz ∂ lü sh∂n
public	pùb lìk	foolish	fül ìsh
company	kùm p∂ në	approve	∂ prüv
become	bë kùm	pollute	p∂ lût

🖥️ 🔊 🗣️ Correction et audio : www.jpn-globish.com, chapitre F-1, et 🗣️ répétez 50 fois à l'identique.

---

1. Terme anglais décrivant l'allure à laquelle progresse le cavalier qui poursuit le renard (**fox**) dans un exercice de chasse récemment prohibé en Grande-Bretagne, mais qui devient populaire aux États-Unis. Par imitation, attribué à une danse naguère populaire.

J'ai eu, j'ai détenu précédemment : le verbe *to have* au passé de base

> **_I had_ a dream about my influence in this company.**
> J'ai fait un rêve au sujet de mon influence dans cette société.

Ce temps de verbe est utilisé pour parler de détentions, de possessions ou d'expériences passées.

Affirmation	Négation	Interrogation
I had	I didn't have	Did I have?
He had	He didn't have	Did he have?
She had	She didn't have	Did she have?
It had	It didn't have	Did it have?
We had	We didn't have	Did we have?
You had	You didn't have	Did you have?
They had	They didn't have	Did they have?

Questions oui/non — Réponses brèves

Questions oui/non	Réponses brèves
Did you have breakfast at the hotel?	Yes, I did – No, I didn't
Did she have her blue car yesterday?	Yes, she did – No, she didn't
Did they have insurance?	Yes, they did – No, they didn't

Exemples de questions ouvertes

Who did they have their holiday with?	Avec qui ont-ils pris leurs vacances ?
What did she have for dinner last night?	Qu'est-ce qu'elle a mangé hier soir ?
Where did you have your operation?	Où as-tu été opéré ?

À voix haute 🗣, créez 20 phrases interrogatives en utilisant le verbe *to have* au passé de base, en vous fondant sur les phrases modèles ci-dessus et à l'aide des mots de l'étape, puis répondez-y brièvement.

Constituez au moins 20 questions oui/non (sans mot interrogatif) et 20 questions ouvertes (avec mot interrogatif), chacune avec une réponse. 📋 À écrire dans le registre.

🖥 ◀) 👂 Correction et audio : www.jpn-globish.com, chapitre F-2, et
💬 répétez 50 fois en imitant le son du mieux possible.

Exemples de phrases négatives

The American didn't have a Volkswagen.
We didn't have fruit at noon.
She didn't have a husband for two years.

À voix haute 💬, créez 20 phrases négatives en utilisant le verbe **to have**
au passé de base, en vous fondant sur les phrases modèles ci-dessus et
à l'aide des mots de l'étape (ou de vos propres mots), et ajoutez-y un
adjectif (attribut). 📋 À écrire dans le registre.

🖥 ◀) 👂 Correction et audio : www.jpn-globish.com, chapitre F-3, et
💬 répétez 50 fois en imitant le son du mieux possible.

Bonus de l'étape : ici et là, indiquer l'endroit

here   **there**   **over there**

ici (tout près)   là (plus loin)   là-bas (très loin)

My Ferrari is <u>here</u>.   Ma Ferrari est ici.

My Lancia is <u>there</u>.   Ma Lancia est là (un peu plus loin)

My Mercedeses are <u>over there</u>.   Mes Mercedes sont là-bas.

On peut dire aussi :

<u>Here is</u> *my Ferrari.*   Voici…

<u>There is</u> *my Lancia.*   Voilà…

Angloricaine curiosité : la consommation des voitures

En France, on calcule la consommation d'une voiture en litres nécessaires pour couvrir une distance fixe de 100 km.

Aux États-Unis, on met un **gallon** (3,8 l) et on compte en **miles** la distance couverte. Exemple : une Toyota Corolla consomme 8 litres pour 100 km ou elle fait 29 miles pour 1 gallon. Soit 8 l/100 km ou 29 mpg.

Question : ***what is the fuel consumption of a :***

Jaguar XJ 12 (20 l/100 km) = ________________________ mpg ?
📋 À écrire dans le registre.

Fiat Cinquecento (50 mpg) = ________________________ l/100 km ?
📋 À écrire dans le registre.

À vos calculettes ! Réponses sur le site.

Remarque : dans le Commonwealth britannique, le gallon, appelé **imperial gallon**, vaut 4,5 litres. Encore un autre calcul (dont il vous sera fait grâce) !

La chanson de l'étape

« *My prayer.* »

🖥 🔊 🎙 Paroles sur www.jpn-globish.com. 👤 Pratiquez toute la semaine.

Étape G {⬭ djë}, <u>Golf</u>[1] {⬭ gòlf}

Les sons à maîtriser

Symbole : ô		symbole : yü	
door : ⬭ dôr		new : ⬭ nyü	

📚	⬭	📚	⬭
orange	ôr ìndj	fuel	fyül
all	ôl	music	myü zìk
reward	rì wôrd	nuclear	nyü klë ∂r
resource	rì zôrs	produce	pr∂ dyüs
autumn	ô t∂m	human	hyü m∂n
cause	kôz	computer	k∂m pyüt ∂r
broadcast	<u>brôd</u> kàst	dispute	dìs pyüt
border	bôr d∂r	accuse	∂ kyüz
born	bôrn	duty	dyü të
forest	fôr ìst	excuse	èks kyüz
borrow	bôr ö	rescue	rès kyü
foreign	fôr ∂n	humor	hyü m∂r
majority	m∂ djôr ∂ të	neutral	nyü tr∂l
enforce	èn fôrs	refuse	rì fyüz
report	rì pôrt	substitute	<u>sùb</u> st∂ tyüt
because	bë kôz	beautiful	byü t∂ f∂l

🖥 🔊 👂 www.jpn-globish.com, chapitre G-1 et 👤 pratiquez toute la semaine.

---

1. Désigne ce jeu universellement connu, pratiqué avec une petite balle et des instruments appelés *clubs*. A donné lieu à la formule imagée « **old golfers never die, they just lose their balls** ». C'est l'un des deux monosyllabes de cet alphabet, et l'invention est critiquable, le son se rapprochant du « go » de **tango**, surtout tel que celui-ci est prononcé par les non-anglophones qui oublient d'accentuer correctement la syllabe « **tan** ».

Ce que je faisais à cette époque est bel et bien terminé : le verbe ordinaire au passé de base

> **I reported in Globish this morning to four foreigners.**
> J'ai fait mon compte rendu en globish ce matin
> devant quatre étrangers.

On l'utilise pour parler d'événements, de faits, d'états perçus comme terminés, révolus. Quelle qu'ait été leur durée, leur validité est achevée au moment où se place l'observateur.

Au passé de base, à <u>toutes</u> les personnes :

- Terminaison en **-ed** pour les verbes réguliers : ***asked*** (demandé), ***answered*** (répondu), ***wanted*** (voulu), ***loved*** (aimé).
- Terminaison particulière pour les verbes irréguliers : par exemple, ***to leave*** (partir) devient ***left*** (parti). Voir pages 77 à 81 la liste des 101 verbes irréguliers du globish.
- ***To have*** (avoir, verbe ou auxiliaire) devient : ***had, hadn't.***
- ***To do*** (faire, verbe ou auxiliaire) devient : ***did, didn't.***

Affirmation au passé de base

I left	I accused
he, she, it came	he, she, it rescued
we knew	we refused
you built	you borrowed
they drove	they reported

Exemples

Yesterday afternoon, I <u>left</u> for the airport.	Hier après-midi, je suis parti pour l'aéroport.
At the airport, a man <u>asked</u> if I was French.	À l'aéroport, un homme m'a demandé si j'étais français.
I <u>answered</u> I <u>had</u> a french passport.	J'ai répondu que j'avais un passeport français.
He <u>wanted</u> to examine it.	Il a voulu l'examiner.

☺ *Alternative globish*

Yesterday afternoon, I left for the airport. At the airport, a man asked : « Are you French? » I answered : « I have a French passport. » He said : « I want to examine it. »

Créez vos phrases en complétant :

At the airport, a man asked if Bob ___________________ French.

Bob ___________________ he ___________________ a French passport.
📋 À écrire dans le registre.

At the airport, a man asked if we ___________________ French.

We ___________________ we ___________________ French passports.
📋 À écrire dans le registre.

At the airport, a man asked if they ___________________ French.

They ___________________ they ___________________ French passports.
📋 À écrire dans le registre.

🖥️ 🔊 🎧 www.jpn-globish.com, chapitre G-2, et 🧑 répétez 50 fois.

Écoutez, dans l'enregistrement audio, la prononciation de **-ed** (**wanted, worked, canceled**).

1. Verbes dont le présent et l'infinitif se terminent par un son **t** ou par un **d : ìd.**

admit	admitted	⇔ àd mìt ìd
wait	waited	⇔ wät ìd
attend	attended	⇔ ∂ tènd ìd

2. Verbes se terminant par un son gh (f), sh, th, s, p ou k : **t**, relié aux consonnes le « ed » est à peine prononcé.

attack	attacked	⇔ ∂ tàkt
announce	announced	⇔ ∂ nounst
laugh	laughed	⇔ làft

3. Autres verbes : le **e** ne s'entend pas, on ne prononce que le **d**, relié aux consonnes qui précédaient le **e : billed**, ⇔ bìld ; **believed**, ⇔ bì lëvd.

À voix haute 🗪, créez 20 phrases selon les modèles ci-après, en utilisant les mots qui illustrent les sons de l'étape.

📋 À écrire dans le registre.

Ex. : *A majority of us refused to borrow resources from the computer department.*

Négation au passé de base : auxiliaire *DID, DIDN'T (DID NOT)*

I didn't leave	I didn't accuse
he, she, it didn't come	he, she, it didn't rescue
we didn't know	we didn't refuse
you didn't build	you didn't borrow
they didn't drive	they didn't report

Exemples

Yesterday, <u>I didn't leave</u> for the airport.	Hier, je ne suis pas parti à l'aéroport.
Nobody <u>asked</u> me if I <u>was</u> French.	Personne ne m'a demandé si j'étais français.
<u>I didn't say</u> I <u>owned</u> a french passport.	Je n'ai pas dit que je détenais un passeport français.
The policeman <u>didn't need</u> to examine it.	Le policier n'a pas eu besoin de l'examiner.

☺ *Alternative globish*

Yesterday afternoon, I did not leave for the airport. At the airport, nobody asked me « Are you French? ». I did not say : « I have a French passport. » The policeman did not need to examine it.

À voix haute 💬, créez 20 phrases selon les modèles ci-dessus, en utilisant les mots qui illustrent les sons de l'étape.

Ex. : *Yesterday, we didn't broadcast this beautiful foreign music.*

📋 À écrire dans le registre.

🖥 🔊 🗯 www.jpn-globish.com, chapitre G-3, et 💬 répétez 50 fois.

Interrogation au passé de base : auxiliaire *DID, DIDN'T (DID NOT)*

Did I leave?	Did I accuse?
Did he, she, it come?	Did he, she, it rescue?
Did we know?	Did we refuse?
Did you build?	Did you borrow?
Did they drive?	Did they report?

Exemples

Yesterday, <u>did you leave</u> for the airport?	Hier, es-tu parti pour l'aéroport ?
Yesterday, <u>did</u> a man <u>ask</u> if you <u>were</u> French?	Un homme t'a-t-il demandé si tu étais français ?
<u>Did</u> you <u>answer</u> you <u>had</u> a french passport?	As-tu répondu que tu détenais un passeport français ?
<u>Did he want</u> to examine it?	A-t-il voulu l'examiner ?

Yesterday, you left for the airport? A man asked if you were French? You answered that you owned a French passport? He wanted to examine it?

Répétez à voix haute les phrases types encadrées ci-dessus avec **I, he, she, it, we, they.**

À voix haute 👤💬, créez vos phrases en utilisant les mots de la liste fournie au début de l'étape et en formulant des interrogations. 📋À écrire dans le registre.

Bonus de l'étape : je veux que…

I want the children to learn their music.

Je veux que les enfants apprennent leur musique.

Cette tournure permet de pallier l'absence de subjonctif (tu viens, que tu viennes ; ils font, qu'ils fassent ; il va, qu'il aille).

Pamela (to want)   *children*   *(to play, street)*

Pamela doesn't want the children to play in the street.

On peut remplacer *children* par *them* (pronom complément : ***me, him, her, it, us, you, them***).

I want them to learn their music.

Je veux qu'ils apprennent leur musique.

I want that they learn their music, The children will learn their music, this is what I want.

Angloricaine curiosité : les unités de mesure

Metrication : terme inventé par les Anglais pour la conversion au système métrique.

Linear measures

one inch (1 in.)	=	2,54 cm (« *two point five four cm* »)
one foot (1 ft)	=	approx. 30,5 cm (« *thirty point five cm* »)
one yard (3 feet)	=	approx. 91,5 cm. Originellement, la distance entre le nez du roi Edward d'Angleterre (années 944 à 975) et l'extrémité de son majeur, le bras et la main tendus. Moins précis que le mètre étalon déposé au pavillon de Breteuil. Traduction exacte, en particulier au Québec : « une verge ».
one mile (1 mi.)	=	1,609 km terrestre Différent du nautical mile des marins, qui vaut 1,852 km. Précisez… précisez…

Square measures (surface) :

square inch

square foot

square yard

square mile

On a aussi acre (un *arpent*, soit environ 0,4047 hectare).

Combien de **square feet** dans un **acre** (43 560), et combien d'acres dans un **square mile** (640) ? Impossible de calculer les réponses sans tout convertir en mesures métriques…

Cubic measures (volume) :

cubic inch

cubic foot

cubic yard

Calculez combien de **gallons** peut contenir un réservoir cylindrique d'une hauteur de 4,5 pieds et d'un diamètre identique. Bon courage ! Et gratitude à Monsieur de Talleyrand, qui, le premier, eut l'inspiration de mettre un peu d'ordre dans les mesures héritées du Moyen Âge et de rationaliser de manière cohérente.

Bonus supplémentaire de l'étape

💻 🔊 📡 www.jpn-globish.com, chapitre G-4, à écouter, à réécouter et à prendre en note dans le registre 🗒, à ce stade vous devriez déjà en saisir l'essentiel, et profiter de la prononciation sans détenir le texte.

La chanson de l'étape

« *The great pretender.* »

💻 🔊 📡 Paroles sur www.jpn-globish.com. 👤 Pratiquez toute la semaine.

Étape H {👄 ätch},
Hotel[1] {👄 hö tèl}

Les sons à maîtriser

symbole : oi		symbole : dj	
boy : 👄 boi		jeans : 👄 djënz	

📚	👄	📚	👄
joint	djoint	bridge	brìdj
boycott	boi kòt	budget	bùdj ìt
voice	vois	inject	ìn djèkt
noise	noiz	jail	djäl
destroy	dì stroi	joke	djök
enjoy	èn djoi	engineer	èn dj∂ <u>nër</u>
oil	oil	age	ädj
employ	èm ploi	apologize	∂ <u>pòl</u> ∂ djïz
appoint	∂ point	average	àv rìdj
avoid	∂ void	biology	bï òl ∂ djë
deploy	dì ploi	carriage	kàr ìdj
join	djoin	general	djèn ∂r ∂l
loyal	loi ∂l	hostage	hòs tìdj
poison	poi z∂n	huge	hyüdj
soil	soil	suggest	s∂ djèst
boy	boi	vegetable	vèdj t∂ b∂l

🖥 🔊 👂 www.jpn-globish.com, chapitre H-1, et 🗣 répétez 50 fois.

---

1. Mot canonique du vocabulaire du globish, et qui est compris spontanément partout dans le monde. Se prononce avec un fort « **h** » aspiré.

Ce dont je parle a commencé dans le passé mais n'est pas terminé à l'instant présent : le verbe ordinaire au présent récapitulatif

> ***I have loyally worked*** **on the employment plan for two weeks.**
>
> Je travaille loyalement sur le plan de recrutement depuis deux semaines.
>
> ***I have enjoyed*** **this work since the first day, and I have learnt the new tricks of the trade.**
>
> J'aime ce travail depuis le premier jour, et j'y apprends les nouvelles astuces du métier.

L'interlocuteur considère le passé écoulé et en dresse une récapitulation, une rétrospective, jusqu'au moment présent auquel il se place pour observer : ***TO HAVE*** en auxiliaire et le verbe (infinitif + terminaison en *-ed* pour les réguliers, et 101 termes à mémoriser absolument pour les irréguliers : liste organisée pour vous pages 77 à 81).

I have hated, it has not decreased, have they camped?

I have heard, it has not fallen, have they worn?

Contrairement au français, tous les verbes utilisent l'auxiliaire (AVOIR) : ***HAVE*** ou ***HAS***.

Habituez-vous donc à : « I have come », « she has stayed », « we have gone », « they have remembered », « you have written to each other », pour parler au présent... Alors que, tout différent dans sa logique, le français signale un passé par l'utilisation de l'auxiliaire « avoir ».

Une différence fondamentale entre les deux langues : à l'étape Golf, nous avons vu que « Yesterday, I left for the airport » décrit une action passée et terminée (je suis parti). Malgré la présence de ***HAVE*** (AVOIR), le présent récapitulatif ne rend jamais le passé composé (j'ai acheté) du français : c'est un des quatre temps du présent (voir Sésame de la conjugaison pages 70 et 71).

L'exemple suivant résume ces différences :

I <u>bought</u> this car in June.	J'ai acheté (action terminée et datée).
I <u>have driven</u> it since June.	Je roule avec elle (action ayant débuté il y a six mois et non achevée).
I <u>have enjoyed</u> it for six months.	J'y trouve du plaisir depuis six mois (et encore maintenant).

Exemple

The police (to arrest) me in 1848, and we are now in 1855.	La police m'a arrêté en 1848, et nous sommes en 1855.

1. The police arrested me <u>in 1848</u>.

2. The police arrested me <u>seven years ago</u> (il y a sept ans).

3. I have been in jail <u>for seven years</u> (durée).

4. I have been in jail <u>since 1848</u> (point de départ).

☺ *Alternative globish*

It was seven years ago. The police arrested me. They put me in jail. I have been there since. I have never left the prison.

À voix haute 🗩, créez 20 phrases selon les modèles ci-dessus, en utilisant les mots qui illustrent les sons de l'étape. 📋 À écrire dans le registre.

Verbe au passé de base	Verbe au présent récapitulatif	
He (to leave) home at 1 1 am, and it is 2 pm	he (to drive)	(for) (since) (hours) ago
She (to employ) this engineer in 1995, and we are now in 1997	she (to employ) this engineer	(for) (since) (years) ago
I (to stop smoking) last Monday	(Sunday) not (to smoke)	(for) (since) (days) ago
I (to stop sailing in 2000)	I (not to sail)	(for) (since) (ago)

🖥️ 🔊 💭 www.jpn-globish.com, chapitre H-2, et 👤 50 fois.

👤 Créez vos phrases :

Pour chacune des propositions suivantes, construisez à chaque fois trois réponses et commentaires supplémentaires, avec **since** puis **for**, et enfin **ago**.

Exemple : *When did Barak Obama become president of the USA? He became president for the first time in 2009, eight years ago (at this point in time, when I am writing), and has been in office since then, for eight years.*

- *When did the Allied Forces land in Normandy?*
- *When was the Euro introduced?*
- *When did Corsica become French?* (1767)
- *When were the Quebeckers abandonned by France?* (au traité de Paris en 1763)
- *How long have the Quebeckers been separated from France?*

🖥️ 🔊 💭 www.jpn-globish.com, chapitre H-3, et 👤 50 fois.

📋 À écrire dans le registre.

Bonus de l'étape : moi-même, toi-même…

She is destroying herself by drinking too much.

Elle se détruit en buvant trop.

Exemples

I am enjoying myself.	We helped ourselves first.
You look at yourself.	You look at yourselves.
He appointed himself president.	She made a joke about herself.
It poisoned itself (by eating the rat poison).	She committed suicide, she killed herself.
Old people are often alone : they speak to themselves.	They look at themselves.

Self indique ce qui se rapporte au seul sujet en question, et intervient comme suffixe dans de très nombreux mots et locutions : *self-evident*, qui saute aux yeux, *self-defense*, légitime défense, *self-filling*, remplissage automatique, etc. Aussi *selfish*, égoïste.

He killed himself while mountain climbing ne signifie surtout pas qu'il s'est tué en faisant de l'escalade, mais indique une action volontaire et délibérée : il s'est suicidé pendant qu'il faisait de l'escalade. L'accident serait décrit par : *he got killed while mountain climbing*.

Angloricaine curiosité : après la virgule

Aucun chiffre ou nombre ne prend la marque du pluriel.

Décimales

1,257	s'écrit	*1.257*	et se lit	*one point two five seven.*
0,5	s'écrit	*.5*	et se lit	*point five.*

I have a .22 gun (a point twenty-two gun).

J'ai une arme à feu de calibre 5,5 mm.

Explication : **point 22** signifie ***0,22 inch*** (= pouce), soit 5,5 mm. En anglais, la décimale est indiquée par un point (et non une virgule), un peu comme les fréquences de radio FM. De plus, pour une valeur inférieure à l'unité, on oublie souvent le zéro : *357 Magnum, three fifty seven Magnum*, soit un projectile d'à peine plus de 9 mm de diamètre, mais d'une puissance d'impact dévastatrice. Le calibre est 0,357 pouce. La mitrailleuse de calibre 12,7 est « point fifty », la moitié d'un pouce de 25,4 mm.

La chanson de l'étape

« *Are you the one?* »

🖥 🔊 ⑨ Paroles sur www.jpn-globish.com. 👤 Pratiquez toute la semaine.

Étape I {👄 Y}, India[1] {👄 ìn dë ∂}

Les sons à maîtriser

Symbole : û		Symbole : ou	
Foot : 👄 fût		Out : 👄 out	

📚	👄	📚	👄
good	gûd	south	south
cook	kûk	ground	ground
wool	wûl	sound	sound
book	bûk	loud	loud
woman	wûm ∂n	power	pou ∂r
bullet	bûl ìt	powder	pou d∂r
pull	pûl	mountain	moun t∂n
push	pûsh	about	∂ bout
put	pût	amount	∂ mount
sugar	shûg ∂r	however	hou èv ∂r
should	shûd	thousand	thou z∂nd
wood	wûd	cloud	kloud
full	fûl	doubt	dout
foot	fût	announce	∂ nouns
would	wûd	how	hou
		flower	flou ∂r

🖥 🔊 👂 www.jpn-globish.com, chapitre I-1, et 👥 50 fois.

---

1. Le territoire que Christophe Colomb déclara avoir découvert le 12 octobre 1492. En réalité, c'est l'un de ses équipiers, Rodrigo de Triana, qui l'avait aperçu la veille, mais la gloire lui en fut refusée par l'amiral. Lequel n'arriva jamais à réaliser qu'il n'était pas du tout en Inde, mais découvrait un immense nouveau monde.

Ce dont je veux parler a commencé dans le passé, et continue dans la durée : le verbe ordinaire au présent de continuité récapitulatif

> **_I have been announcing_ the publication
> of this book on globish for a good four months.**
> J'annonce la publication de ce livre sur le globish
> depuis largement quatre mois.

En se plaçant comme observateur à l'instant présent, l'interlocuteur considère une activité passée, dotée d'une continuité durable et appréciable, non instantanée. Ici, la forme de continuité en **_-ing_** (vue au présent à l'étape Bravo) se construit avec **_HAVE BEEN_** ou **_HAS BEEN_** pour montrer la récapitulation jusqu'à l'instant auquel veut se situer l'observateur. La forme en -ing insiste ainsi sur la durée de cette activité, et **_HAVE_** sur son caractère non encore révolu au moment où elle est évoquée.

C'est le temps le plus employé en anglais ; mais c'est aussi le moins évident à comprendre, généralement pour cause de mauvais apprentissage. Si vous maîtrisez bien cette forme d'expression, tout le reste est du gâteau (« it'll be a piece of cake »).

Affirmation	Négation
I've been cooking.	I haven't been cooking.
He's been pulling.	He hasn't been pulling.
She's been putting.	She hasn't been putting.
It's been pushing.	It hasn't been pushing.
We've been suggesting.	We haven't been suggesting.
You've been doubting.	You haven't been doubting.
They've been announcing.	They haven't been announcing.

Interrogation

Have I been cooking?	Have we been suggesting?
Has he been pulling?	Have you been doubting?
Has she been putting?	Have they been announcing?
Has it been pushing?	

À voix haute 🗩, créez 20 phrases selon chacun des modèles ci-après, au présent de continuité récapitulatif. 📋 À écrire dans le registre.

Questions oui/non — **Réponses brèves**

Questions oui/non	Réponses brèves
Has she been pushing it again?	Yes, she has. No, she hasn't.
Have we been cooking for three hours?	Yes, we/you have. No, we/you haven't.
Have they been watching TV recently?	Yes, they have. No, they haven't.

Questions ouvertes et réponses

Who's he been dating? (who has he…)	He's been dating Betty.
Where's she been working for the last two years?	She's been working for the same company.
What's John been saying? (What has…)	He's been saying nothing.
How long have they been traveling to Spain?	They've been traveling to Spain for the last six years.
Why's he been running all day? (Why has)	He's been running all day because he is very busy.
How's he been doing? (How has…)	He's been doing fine.

À voix haute 🗩, créez 20 autres phrases originales, avec *for* ou *since* ; employez des affirmations et des négations, au présent récapitulatif, en vous aidant des propositions suivantes. 📋 À écrire dans le registre.

Bob (to enjoy) the mountains three days.	Bob has been enjoying the mountains for three days.
She (to work in Italy) 1995.	
Our chairman (to learn Chinese) last Spring.	
The passengers (to try) to push the bus for half-an-hour.	

🖥️ 🔊 🎧 www.jpn-globish.com, chapitre I-2, et 🗩 50 fois.

Bonus de l'étape : l'enrichissement de l'adjectif

En bonne logique, dès que nous apportons une précision sur un adjectif, cette précision doit se placer <u>avant</u> l'adjectif. La couleur *blue* est précisée ainsi : *pale blue* (bleu pâle), *sky blue* (bleu ciel), *navy blue* (bleu marine), *light blue* (bleu clair), *dark blue* (bleu foncé), etc.

Gone with the wind *is a <u>well-known</u> book.*

Autant en emporte le vent est un livre (bien) connu.

Here is a <u>sweet-smelling</u> flower.

Voici une fleur qui sent bon (odorante).

Michele has blue eyes, she is a <u>blue-eyed</u> girl.

Michèle a les yeux bleus, c'est une fille aux yeux bleus.

In this <u>ice-cold</u> storm, <u>Snow White</u> is <u>sea-sick</u>.
Her face is <u>snow-white</u>.
She will not eat her <u>home-made</u> cake.

Par cette tempête glaciale, Blanche-Neige a le mal de mer.
Son visage est blanc comme la neige.
Elle ne mangera pas son gâteau fait maison.

Angloricaine curiosité : j'indique un itinéraire

Nous voici maintenant au Far West, quelque part dans les Dakotas (patrie des Indiens Sioux, et dont le nom, dans leur langue, signifie « terre des amis, des alliés »).

« Pourquoi ne viendriez-vous pas prendre une tasse de café cet après-midi ? Notre ferme est au nord-ouest, pas loin du tout de là où vous habitez. Quittez la ville vers l'ouest pendant 28 miles, puis prenez la direction du nord pendant 14 miles. Alors, il faut tourner à l'est. Notre maison n'est qu'à 5 miles. Facile ! Vous ne pouvez pas vous tromper. »

Moralité : si vous roulez dans l'Ouest, ayez une boussole et un bon compteur kilométrique à bord ! Les Américains ne vous donneront pas de carte ni de croquis, mais des explications le plus souvent écrites. Avec le GPS et les coordonnées latitude et longitude, les habitudes évoluent, mais bien lentement.

La chanson de l'étape

« *I'm dreaming of a White Christmas.* »

🖥 🔊 🗫 Paroles sur www.jpn-globish.com. 👤 Pratiquez toute la semaine.

Étape J {👄 djä}, Juliet[1] {👄 djü lë ∂t}

Les sons à maîtriser

th adouci : dh	th vigoureux : th
they : 👄 dhä	thank : 👄 thàngk

📚	👄	📚	👄
than	dhàn	method	mèth ∂d
another	∂ nùdh ∂r	theory	thë ∂ rë
together	t∂ gèdh ∂r	authority	∂ thôr ∂ të
mother	mùdh ∂r	sympathy	sìm p∂ thë
theirs	dhêrz	thing	thìng
neither	në dh∂r	wealth	wèlth
smooth	smüdh	theater	thë ∂ t∂r
weather	wèdh ∂r	thirteen	thèr tën
brother	brùdh ∂r	thirty	thèr të
without	wìdh out	thousand	thou z∂nd
feather	fèdh ∂r	threaten	thrèt ∂n
although	ôl dhö	healthy	hèl thë
breathe	brëdh	through	thrü
either	ë dh∂r	throw	thrö
the	dh∂	cloth	klòth
gather	gàdh ∂r	tooth	tüth

🖥️ 🔊 👂 www.jpn-globish.com, chapitre J-1, et 👤 50 fois.

---

1. L'héroïne au destin tragique de Shakespeare, souvent sur son balcon à Vérone, et inséparable de Roméo (voir étape ultérieure, page 185).

J'améliore et je précise le verbe à l'aide de petits mots directionnels

> **_I run down_ from the second floor, _out of_ the house and _across_ the street.**
>
> Je descends en courant du premier étage, je sors de la maison en courant, je traverse la rue en courant.

Des mots s'ajoutent au verbe, après lui dans la phrase, pour en modifier ou préciser le sens, souvent même pour le réorienter. Ces mots, appelés postpositions, sont le plus souvent extraits d'une liste fréquente. Ce peuvent également être des mots qui ont un autre usage bien connu. Comme en français avec le mot faire : faire vite, faire bien, faire affaire, faire pitié, faire riche, faire désordre, c'est à chaque fois le mot rajouté qui donne le vrai sens à l'expression totale. Par cette composition, il est possible de conférer au verbe un efficace degré de concision, de flexibilité et d'expressivité.

He is throwing up down into the sea thru[1] the porthole[2].

Il vomit à la mer par le hublot.

📢 Créez vos phrases ci-après avec les postpositions *in, up, out of, down, through*. 📋 À écrire dans le registre.

Elle monte l'escalier 4 à 4. (to run)	
Il descend le fleuve à la nage. (to swim)	
Je me hâte pour traverser le groupe. (to hurry)	
Tu sors de l'hôtel à reculons. (to back)	
Ils entrent à pas lents dans l'église. (to walk slowly)	

---

1. Orthographe américaine parfaitement acceptable en globish, à égalité avec son équivalent britannique through.

2. Littéralement, peu ou prou, « le trou donnant sur le port ». Composé de deux mots du globish, il est considéré comme acceptable. Mais en bonne expression globish, il conviendrait de le compléter par redondance : « *The round window in the side of the ship.* »

Le verbe y gagne en <u>précision</u> et <u>concision</u> :

Get in!	Entre !
Get out!	Sors !
Go away[1]*!*	Va-t'en !
Walk down!	Descends ! (à pied)
Shut up!	La ferme ! Ta gueule !

🖥 ◄)) 🕪 www.jpn-globish.com, chapitre J-2, et 👤 50 fois.

Le sens du verbe est <u>modifié</u> :

She cut her finger with a knife. But my finger was cut off by the machine.	Elle s'est coupée le doigt avec un couteau. Mais mon doigt a été sectionné par la machine.
She takes off her coat, and then she puts on her jacket.	Elle enlève son manteau, et ensuite elle enfile sa veste.
He is reading over the report.	Il survole le rapport.
She passed out when she heard that her cat had passed away.	Elle s'est évanouie quand elle a appris que sa chatte était morte.

Un verbe de position devient verbe de mouvement :

*Grandpa **is standing** in the garden. He **sits down**. Now, he **is sitting** under a tree.*		
Is sitting down	>	Grand-père est en mouvement pour s'asseoir.
Is standing, is sitting	>	Il est immobile, debout ou assis.

Il y a quatre attitudes fréquentes :

Position	**Mouvement**
To stand (être debout)	*To stand **up*** (se lever, se dresser)
To sit (être assis)	*To sit **down*** (s'asseoir) *To sit **up*** (s'asseoir, se redresser)
To lie (être allongé)	*To lie **down*** (s'allonger)
To hang (être suspendu)	*To hang **up*** (suspendre)[2]

---

1. Et aussi « go home ! », pour « rentre chez toi », grafitti fréquents sur nos murs, dans les années suivant la Libération : « US GO HOME » pour signaler avec ingratitude aux G.I. que certains Français souhaitaient leur départ du territoire national.
2. Raccrocher le téléphone se dit naturellement « *to hang up* » et le garder en main se dit « *to hold on* ».

👤 Créez vos phrases en traduisant, et en écrivant ici dans les cases :

Je suis allongé sur le sofa.	*I lie on the sofa.*
Je me lève.	
Je suis debout.	
Je tombe par terre.	*I fall down to the ground.*
Je m'assieds sur le sol.	
Je me lève.	
Je suis debout.	
Je m'assieds sur une chaise.	

🖥 🔊 🗣 www.jpn-globish.com, chapitre J-3, et 👤 50 fois. 📋 À écrire dans le registre.

Le second élément devient <u>prépondérant</u>, il indique clairement l'<u>action</u>. Le premier élément n'indique que la <u>manière</u> dont s'effectue l'action.

I walk up		à pied
I run up		
I swim up	Je (re)monte	
I climb up		
I drive up		

🖥 🔊 🗣 www.jpn-globish.com, chapitre J-4, et 👤 50 fois.

Le verbe « à tout faire » le plus utile, à condition de l'améliorer : *to get*

1. Sens de base, sans la précision d'une postposition : *I must **get** some gas* (GB : *petrol*) = obtenir, se procurer, acheter.

2. *In autumn, the trees **get** yellow* : transformation = jaunir (devenir jaune). ***To get old*** : vieillir (devenir vieux), ***to get warm*** : se réchauffer, ***to get angry*** : se mettre en colère. ***To get*** + n'importe quel adjectif...

3. ***Get** out of here!* décrit un mouvement dont le sens n'est précisé que par le « *out of* » qui suit ***get***. Voir aussi ***get in*** : entrer, ***get down*** : descendre, ***get up**, **get again**, **get across**, **get along**, **get on**, **get at**, **get away**,* etc. ***To get*** + la plupart des adverbes ou prépositions.

Bonus de l'étape : *th* et *th*

Comparaison et différences : *th* vigoureux et *t*

thank	thàngk	tank	tànk
through	thrü	true	trü
thin	thìn	tin	tìn
thick	thìk	tic	tìk
three	thrë	tree	trë

Le th vigoureux (***th***) se prononce en collant les bords de la langue à l'intégralité des dents de la mâchoire supérieure sur leurs faces inférieures (appelées « triturantes » par les dentistes) et même en laissant dépasser un petit bout de langue : si vous laissez filer juste ce qu'il faut d'air en essayant de dire ***sing*** (chante), vous aurez dit ***thing*** (chose).

Comparaison et différences : *th* adouci et *d*

they	dhä	day	dä
their	dhêr	dare	dêr
though	dhö	dough	dö
than	dhàn	dan	dàn
then	dhèn	den	dèn

Pour le th adouci (***dh***), observez comment vous dites ***brother*** à la parisienne, avec le bout de la langue touchant les incisives du bas. Redites-le en touchant cette fois juste les deux incisives du haut, vous n'en serez pas loin.

Conseil

Si vous n'y parvenez vraiment pas, prononcez le ***th*** adouci comme un « d ». Dans certains milieux de New York City, que vous ne rencontrerez sans doute pas souvent, cette entorse est habituelle : « dis heah is ma bruddah » (*this here is my brother*), voici mon frère. Sur le ***th*** vigoureux, pas d'alternative…

Angloricaine curiosité : bonjour, au revoir

Hello, old chap! (GB)
Salut, vieille branche !

Hi, you guys! (USA)
Salut tout le monde !
Salut les mecs !

- *Good morning!*
- *Good afternoon!*
- *Good evening!*
- *Good night!* (Se dit dans la soirée et pas seulement au moment du coucher.)

Pour prendre congé :

- *Good bye! – Bye bye! – Bye!*
- *Take care of yourself! ou simplement : Take care! Affectueux : Fais attention !* (à toi).
- *I will see you tomorrow! – See you tomorrow! – See you! – See you next week!*
- Sur Internet : « *CU* » (équivalent de notre A+) ; revoir éventuellement la prononciation des deux lettres aux étapes Charlie (page 105) et Uniform (page 205).
- En fin de courrier : « OXOX » pour « *hugs and kisses* » (étreintes et bisous). Et pour les tendres, « LUV », prononcé « *love* » (je t'aime), mais qui se dit par simple amitié, sans connotation amoureuse.

La chanson de l'étape

« *Itsy Bitsy Yellow Polka-dot Bikini.* »

🖥 🔊 🎧 Paroles sur www.jpn-globish.com. 🗣 Pratiquez toute la semaine.

Étape K {👄 kä}, Kilo[1] {👄 kë lö}

Les sons à maîtriser

Symbole : jh	Symbole : ng
vision : 👄 vìjh ∂n	string : 👄 strìng

📚	👄	📚	👄
usual	yü jhü ∂l	building	bìl dìng
television	<u>tèl</u> ∂ vìjh ∂n	single	sìng g∂l
measure	mèjh ∂r	spring	sprìng
sabotage	<u>sàb</u> ∂ tâjh	nothing	nùth ìng
treasure	trèjh ∂r	bring	brìng
vision	vìjh ∂n	during	dyür ìng
version	vèr jh∂n	finger	fìng g∂r
		congress	kòng grìs
		blanket	blàng kìt
		angry	àng grë
		among	∂ mùng
		language	làng gwìdj
		strong	stròng
		hang	hàng

🖥 🔊 🗣 www.jpn-globish.com, chapitre K-1, et 👤 50 fois.

---

1. Préfixe d'origine grecque signifiant « mille », ou « mille fois ». Contribution française à cet alphabet, puisque ce sont les savants de l'Hexagone qui lui ont donné une éternité tardive en l'utilisant avec clairvoyance lors de la création du système métrique.

Je nie, je dis le contraire

> **_You're not_ wrong. _I did_ nothing unusual,
> but _he won't_ accept this version of things.**
>
> Tu n'as pas tort. Je n'ai rien fait d'inhabituel,
> mais il n'acceptera pas cette version des choses.

Il suffit d'ajouter **_not_** après l'auxiliaire, ou :

☺ *Alternative globish*

*Utiliser never (jamais) sans modifier la forme affirmative du verbe,
he will never accept, quand c'est approprié pour le sens, ou tout autre
mot négatif comme none, nothing, nowhere…*

Affirmation	Négation	☺☞ Alternative globish
We are visiting Rome.	We <u>aren't</u> visiting Rome.	
She loved Capri.	She <u>didn't</u> love Capri.	She never loved Capri.
I have to follow you.	I <u>don't</u> have to follow you.	
He sabotaged the car.	He <u>didn't</u> sabotage the car.	He never sabotaged the car.
We are flying to NYC.	We <u>aren't</u> flying to NYC.	
They were appointed.	They <u>weren't</u> appointed.	They were never appointed.
She had lived here long.	She <u>hadn't</u> lived here long.	
They have small change.	They <u>don't</u> have small change.	They never have small change.
I have finished.	I <u>haven't</u> finished.	
You drink wine.	You <u>don't</u> drink wine.	You never drink wine.
Our friends arrived…	Our friends <u>didn't</u> arrive…	
The gondolier sings…	The gondolier <u>doesn't</u> sing…	The gondolier never sings…

La négation peut être renforcée en ajoutant **any** devant le mot concerné, ou **at all** en fin de phrase. Les deux signifient « *(pas) du tout* ». Tous ces mots peuvent se combiner et s'ajouter les uns aux autres :

He has employees.	He does not have any employee.	*Il n'a aucun employé.*
She drinks wine.	She does not drink any wine.	*Elle ne boit pas de vin du tout*
I have not accused.	I have not accused at all.	*Je suis loin d'avoir accusé.*
They weren't punished.	They weren't punished at all.	*Ils n'ont pas eu la moindre punition.*
She does not drink wine.	She never drinks any wine at all.	*Elle ne boit absolument jamais de vin.*

Je pose une question

> **<u>Are you</u> right? <u>Was I</u> really involved?**
> **<u>Do you believe</u> it?**
>
> As-tu raison ? Étais-je vraiment impliqué ?
> Est-ce que tu le crois ?

Le procédé est simple : pas de formules contournées, comme notre pratique et peu élégant « est-ce que ». <u>La question se commence par un auxiliaire</u>, quel qu'il soit. C'est tout.

Logique anglaise : tout cela est bien beau, mais comment bâtir la phrase interrogative quand la phrase positive ne comporte pas d'auxiliaire ? Faudra-t-il une exception, comme celles dont le français fait un (trop) grand usage ? Non, un auxiliaire de secours permettra une seule construction pour toutes les situations. Cet auxiliaire sera le verbe au sens le plus vaste et le plus flou de la langue anglaise : **_DO_** (**_DOES_** ou **_DID_**).

Affirmation	Interrogation
We are visiting Rome.	*Are we visiting Rome?*
She loved Capri.	*Did she love Capri?*
I have to follow you.	*Do I have to follow you?*
He sabotaged the car.	*Did he sabotage the car?*
We are flying to NYC.	*Are we flying to NYC?*
They were appointed.	*Were they appointed?*
She had lived here long.	*Had she lived long here?*
You drink too much.	*Do you drink too much?*
The gondolier sings well.	*Does the gondolier sing well?*
Our friends arrived late.	*Did our friends arrive late?*

À voix haute 🗣, créez 20 phrases affirmatives, négatives et interrogatives, selon les modèles ci-dessus, en utilisant les mots qui illustrent les sons de l'étape. 📋 À écrire dans le registre.

🖥 🔊 👂 www.jpn-globish.com, chapitre K-2, et 🗣 50 fois.

Bonus de l'étape : either… or…/neither… nor (soit… soit/ni…ni…)

He can <u>either</u> work as an employee, <u>or</u> start his own business.

Il peut <u>soit</u> travailler comme salarié, <u>soit</u> lancer sa propre entreprise.

He didn't go to school : he can <u>neither</u> read <u>nor</u> write.

Il n'est jamais (pas) allé à l'école : il ne sait <u>ni</u> lire <u>ni</u> écrire.

George cannot swim, I can't either.

Georges ne sait pas nager, moi non plus.

Angloricaine curiosité : les immeubles anglais et américains

États-Unis	Grande-Bretagne
An apartment building	*A block of flats*
The elevator	*The lift*
Third floor (story)	*Second floor (storey)*
Second floor (story)	*First floor (storey)*
First floor (story)	*Groundfloor*

Attention

Le rez-de-chaussée s'appelle premier étage aux États (les Américains parlant de leur pays disent **the States**, les Québécois en parlent volontiers en disant les États). Les immeubles sans treizième étage ne sont pas rares, en particulier à Las Vegas, où la superstition en écarterait les clients amateurs de roulette et de black-jack.

La chanson de l'étape

« *They can't take that away from me.* »

🖥 🔊 🗣 Paroles sur www.jpn-globish.com. 👤 Pratiquez toute la semaine.

Étape L {👄 èl), Lima[1] {👄 lì mƏ)

Les sons à maîtriser

Symbole : sh	Symbole : tch
rush : 👄 rùsh	chat : 👄 tchàt

brush	brùsh	branch	bràntch
convention	kƏn vèn shƏn	catch	kàtch
crush	krùsh	century	sèn tchƏ rë
insurance	ìn shür Əns	chairman	tchêr mƏn
nation	nä shƏn	chase	tchäs
ocean	ö shƏn	march	mârtch
official	Ə fish Əl	chief	tchëf
position	pƏ zìsh Ən	child	tchïld
pressure	prèsh Ər	church	tchèrtch
radiation	rä dë ä̲ shƏn	creature	krë tchƏr
recession	rì sèsh Ən	culture	kùl tchƏr
relation	rì lä shƏn	each	ëtch
special	spèsh Əl	future	fyü tchƏr
statue	stàtch yü	natural	nàtch rƏl
publish	pùb lìsh	picture	pìk tchƏr
sharp	shârp	purchase	pèr tchƏs

🖥 🔊 👂 www.jpn-globish.com, chapitre L-1, et 👤 50 fois.

---

1. Nom de plusieurs villes du Nouveau Monde, et surtout capitale du Pérou où le conquistador Francisco Pizarro fut assassiné en 1541.

J'interroge à propos du passé

<u>When</u> did you publish your first book?
– I published it in March.

<u>How long</u> have you been with this company?
– I have been with it for three and a half year.

<u>Since when</u> have you been going to church?
– I have been going to church since I was five.

Cette interrogation se construit :

- en choisissant le mot ou le groupe de mots interrogatifs appropriés (***when, how long, since, when, why***, etc.) ;
- en définissant le temps et la forme du verbe que vous utiliseriez pour poser une négation (*you **did not** buy this car, you **have not** driven this car for three months, you **have not** driven this car since June*) ;
- en passant à l'interrogation par suppression de la négation, et positionnement de l'adverbe (***you***) après le verbe au lieu de l'avoir avant.

■ Exercice

Here is a story : « *I started smoking this pipe when I was 30 years old, and I am now 45.* »

Posez trois questions, et écrivez ici ce que vous avez conçu :

📋 À écrire dans le registre.

- ***When*** *(to start smoking)* _______________ ?
- ***How long*** *(to smoke)* _______________ ?
- ***Since when*** *(to smoke)* _______________ ?

Another story : « U.S. President Jefferson purchased Louisiana from France in 1803. »

- **When** *(to purchase from France)* _______________ ?
- **How long** *(to belong to the USA)* _______________ ?
- **Since when** *(to belong to the USA)* _______________ ?

And a last one : « A speeding fine last month (to get). (60 mph [miles per hour]) instead of 30. Suspension of my driver's licence for a month. I'm not driving. »

- **When** *(to get a fine)* _______________ ?
- **How long** *(to suspend my driver's licence)* _______________ ?
- **Since when** *(to suspend my driver's licence)* _______________ ?

🖥🔊🎧 www.jpn-globish.com, chapitre L-2, et 👤 50 fois.

Bonus de l'étape : les noms collectifs

Ils désignent un ensemble d'objets. Pour indiquer un seul objet au sein de leur ensemble, on a recours à *a piece of*.

Sens collectif	Sens individuel
my furniture is new mes meubles sont neufs	*a piece of furniture* un meuble
this information is true ces renseignements sont exacts	*a piece of information* un renseignement
your advice is interesting tes conseils sont intéressants	*a piece of advice* un conseil
Central Intelligence Agency, Intelligence Service (services de renseignements)	*a piece of intelligence* un renseignement secret
the news is good les nouvelles sont bonnes	*a piece of good news* une bonne nouvelle

Les mots comme ***mathematics*** sont singuliers : *physics is his favorite subject, economics, electronics, astronautics, nucleonics...*

Angloricaine curiosité : il était une fois

Once upon a time, in the town of Foix...

Il était une fois dans la ville de Foix…

- *Once* (×1), *twice* (×2), *three times, four times…*
- *Many times, several times, sometimes,* etc.

Attention

I am 60 years old and she is only 30 :
I am twice <u>as</u> old <u>as</u> she is. (Je suis deux fois <u>plus</u> âgé <u>qu</u>'elle.)

La chanson de l'étape

« *Sweet Caroline.* »

🖥 🔊 🎧 Paroles sur www.jpn-globish.com. 👤 Pratiquez toute la semaine.

Étape M {👄 èm}, Mike[1] {👄 mïk}

Les sons à maîtriser

Symbole : à snack : 👄 snàk		Symbole : ä cake : 👄 käk	
📚	👄	📚	👄
accident	àk sə dənt	celebrate	<u>sèl</u> ə brät
activist	àk tə vìst	campaign	kàm pän
imagine	ì màdj ən	contain	kən tän
magazine	màg ə <u>zën</u>	detail	dì täl
balance	bàl əns	explain	èk splän
capture	kàp tchər	mistake	mìs täk
ash	àsh	candidate	<u>kàn</u> də dät
factory	fàk tə rë	potato	pə tä tö
finance	fi nàns	always	ôl wäz
diplomat	<u>dìp</u> lə màt	violate	<u>vï</u> ə lät
elastic	ì làs tìk	station	stä shən
anarchy	àn ər kë	patient	pä shənt
evaporate	ì <u>vàp</u> ə rät	nominate	<u>nòm</u> ə nät
atmosphere	<u>àt</u> məs fër	mayor	mä ər
answer	àn sər	case	käs
barrier	bàr ë ər	female	fë mäl

🖥️ 🔊 👂 www.jpn-globish.com, chapitre M-1, et 👤 50 fois.

---

1. Surnom abrégé de nombreuses personnes nommées d'après Michel, l'archange « semblable à Dieu ».
   L'un des deux monosyllabes de cet alphabet.

Ce dont je parle avait commencé dans le passé, mais n'était pas terminé au moment (passé) où je me place pour en parler : le verbe au passé récapitulatif

(récapitulant ce qui lui est antérieur)

> **The secretary <u>had already come with</u> the documents by the time the Directors arrived for the meeting.**
>
> La secrétaire était déjà venue avec les documents quand les administrateurs sont arrivés pour la réunion.

Nous avons ici les mêmes structures qu'à l'étape Hotel. Mais maintenant le récit se situe dans le passé[1]. Cette conjugaison correspond à notre plus-que-parfait. J'avais travaillé : *I had worked.*

Cette forme du verbe explique que deux actions ou événements ont pris place :

- **Tous les deux appartiennent au passé (verbe en *-ed*,** et auxiliaire ***HAD*).**

- L'une est ponctuelle : l'arrivée des administrateurs (contrairement à leur occupation des lieux, non évoquée ici, qui impliquerait une continuité).

- L'autre action récapitule une réalité encore valide au moment où se place l'observateur (il se place au moment de l'entrée des administrateurs ; il évoque l'arrivée antérieure de la secrétaire avec les documents, et nous indique qu'elle était toujours présente).

Créez vos phrases, en les écrivant directement ici ou 🗒 dans le registre.

---

1. Et non plus au présent, qui nous ferait dire : *The Directors arrive, but the secretary has come with the documents already* (*Les administrateurs arrivent, mais la secrétaire est déjà venue avec les documents*).

Shortly after I arrived at the Company Headquarters,	*I realized that I (to forget my computer in the taxi)*	
Before the visitors arrived,	*the hotel manager (to prepare the rooms)*	
As soon as we arrived in the conference room,	*we discovered that the projector (to be forgotten)*	
Before organizing the meeting,	*the team (to gather) the necessary information*	

🖥 🔊 ⊚ www.jpn-globish.com, chapitre M-2, et 🗩 50 fois.

He had driven this car for six years when he sold it.

Il avait roulé dans cette voiture pendant six ans, quand il l'a vendue.

☺ *Alternative globish*

He had driven this car for six years, and then he sold it.

🗩 Créez vos phrases :

We (to wait for two days on a wreck)	*when a helicopter (to rescue) us*	
They (to drive for two hours)	*when (to reach) a gas station*	
Bob and Fran (to stay in the hotel) three days	*when they (to decide to go to Capri)*	
Fred (to work) in the factory for six years	*when he (to be fired)*	

📋 À écrire dans le registre.

🖥 🔊 ⊚ www.jpn-globish.com, chapitre M-3, et 🗩 50 fois.

Ce dont je parle avait commencé dans le passé, n'était pas terminé au moment du passé où je me place pour en parler, et avait joui d'une durée notable : le verbe au passé de continuité récapitulatif

> **<u>I had been</u> patiently <u>answering</u> their questions for half an hour, when you called.**
>
> Je répondais patiemment depuis une demi-heure à leurs questions quand tu as appelé.

☺ *Alternative globish*

I had been answering their questions with great patience for thirty minutes, and you called.

La forme de continuité en *TO BE* + *-ing* a été vue au présent à l'étape Bravo (*I am -ing*), puis au passé sans rétrospection en Delta (*I was -ing*), et en récapitulation arrêtée à l'instant présent en India (*I have been -ing*). Ici, elle insiste de même sur la durée, la continuité de l'action évoquée (forme en *-ing*) ; et elle ne se place plus du point de vue du présent, mais d'un instant appartenant au passé (*HAD* en auxiliaire, et non plus *HAVE*).

Créez vos phrases :

We (to debate) for two hours	when we (to reach an agreement)	
He (to advertise the house for three years)	before he (to sell it)	
She (to study) law for seven years	before she (to become) a judge	

💻◀)) www.jpn-globish.com, chapitre M-4, et 50 fois.

Bonus de l'étape : l'âge et la mesure

How old is the president? He is 70 years old.

Quel âge a le directeur général ? Il a 70 ans.

Born in 1932	How old were you in 1942? I was 10 years old in 1942.
Born in 1985	How old will you be in 2017? I will be 32 years old in 2017.

Ce même type de construction s'applique également aux dimensions (en effet, on peut dire *I measure the room*, mais on ne peut pas dire *The room measures…*).

How long is the room? The room is 25 feet long.

On emploiera alors les **adjectifs long, wide** (large), **high** (haut), **deep** (profond), **thick** (épais).

A deep river (10 feet)	How deep is the river? The river is 10 feet deep.
A wide road (30 feet)	How wide is the road? It is 30 feet wide.
The Eiffel Tower (1,000 feet)	How high is the Eiffel Tower? It is one thousand feet high.

Angloricaine curiosité : les doigts

Comment s'appellent vos doigts ? Le pouce (**thumb**) est le plus gros. Puis il y a l'index (**forefinger**) et le médius (**middle finger**). Ensuite vient l'annulaire (**ringfinger**, même pour les célibataires). Enfin, le dernier et non le moindre (*last but not least*) l'auriculaire (parfois nommé **earfinger**, aussi appelé **pinkie** ou **little finger**), cela dépend des pays, et des adaptations locales de l'angloricain.

Par conséquent, quand vous quittez votre domicile le matin, n'oubliez pas de :

\# 1 (*forefinger*) : verrouiller la porte d'entrée ;

\# 2 (*middle finger*) : nourrir le chien ;

\# 3 (*ring finger*) : monter en voiture ; et ainsi de suite (*and so on*)...

En angloricain, le signe \# équivaut à notre « n° » (numéro). Ce signe, semblable à notre dièse musical, s'obtient en activant sur le clavier la touche désignée « pound key » chez les Américains et « hash key » chez les Britanniques (qui ont déjà, par ailleurs, le signe « £ » pour leur monnaie, « the pound »).

La chanson de l'étape

« *Over the Rainbow.* »

Paroles sur www.jpn-globish.com. Pratiquez toute la semaine.

Étape N {⬭ èn), November[1] {⬭ nô vèm bər)

Les sons à maîtriser

Symbole : â star : ⬭ stâr	Symbole : êr chair : ⬭ tchêr

📚	⬭	📚	⬭
argue	âr gyü	*hair*	hêr
army	âr më	*bury*	bêr ë
artillery	âr til ər ë	*air*	êr
charge	tchârdj	*experiment*	èkspêrəmənt
disarm	dìs ârm	*library*	lï brê rë
guarantee	gàr ən të	*military*	mil ə têr ë
guard	gârd	*necessary*	nès ə sêr ë
harmony	hâr mə në	*parent*	pêr ənt
heart	hârt	*terrible*	têr ə bəl
market	mâr kìt	*territory*	têr ə tô rë
parliament	pâr lə mənt	*fair*	fêr
party	pâr të	*theirs*	dhêrz
radar	rä dâr	*where*	wêr
starve	stârv	*wear*	wêr
law	lâ	*compare*	kəm pêr
sharp	shârp	*declare*	dì klêr

www.jpn-globish.com, chapitre N-1, et 50 fois.

1. Notre novembre, le onzième mois de l'année, qui tirait autrefois son nom de ce qu'il était le neuvième dans l'année romaine. Laquelle commençait en mars, à l'équinoxe de printemps, et numérotait les mois à partir de là. Il nous en reste septembre, octobre, novembre, et décembre, le dixième.

J'exprime la possession

Vous seriez compris avec :	Mais il vaut mieux dire :
The leg of this Miss	*This Miss' leg*
The leg of this boy	*This boy's leg*
The leg of the table	*The leg of the table*
The legs of the children	*The children's legs*
The legs of the cats	*The cats' legs*
The leg of who?	*Whose leg…?*

En anglais, le propriétaire, qui détermine le reste, est toujours placé avant le possédé, le déterminé. En français, c'est le plus souvent l'inverse : vous diriez la jambe de Bob, plaçant après le mot « jambe » les mots qui indiquent à qui appartient la jambe (à Bob). Mais vous diriez aussi le chat mange sa soupe, et le mot « sa », qui indique à qui appartient la soupe, est maintenant situé avant le mot « soupe ». En anglais, et donc en globish, ce mot, toujours situé avant celui qu'il détermine, peut aussi être un nom (et cela uniquement dans le cas où ce nom désigne un être vivant). Comme il devient ainsi un déterminant, il précède logiquement, comme toujours, ce qu'il veut déterminer. Pour être correct, vous emploieriez ici le cas possessif, qui n'a pas d'équivalent dans notre langue. C'est :

- le nom suivi de l'apostrophe → ', si la dernière lettre de ce mot est un « s », par nature ou par pluriel ;

- le nom prolongé de → …'s, si la dernière lettre de ce mot n'est pas un « s » mais une autre lettre, au singulier comme au pluriel ;

- ajouter **own** souligne le caractère particulier et personnel de la propriété (*Princess Mary's own tenth Gurkha rifles*, le dixième régiment de carabiniers Gurkha de la princesse Mary).

Créez vos phrases : À écrire dans le registre :

(*The wife of the chairman*) = _______________________

(*The car of the guide*) = _______________________

(*The car of my friends*) = ______________________

(*The toilet of the men*) = ______________________

(*The car of who is it?*) = ______________________

Où sont les vélos des enfants ? ______________________

Quel est le nom du chauffeur ? ______________________

C'est la chambre de M. Martin. ______________________

De quelle marque est la voiture de Joe ? ______________________

La voiture de qui utilises-tu ? ______________________

Je ne connais pas les amis des otages. ______________________

🖥️ 🔊 💬 www.jpn-globish.com, chapitre N-2, et 🗣️ 50 fois.

Je dis : « chez les Miller »

> **I am on my way <u>to the doctor's</u>.**
> Je me rends chez le docteur (le cabinet du docteur).
>
> **We are going to have dinner <u>at the Millers'</u>.**
> Nous allons souper chez les Miller (à leur domicile).

Mise en œuvre de la même construction, mais en oubliant de faire figurer le mot qui a été déterminé par ce cas possessif, et semble superflu (*at the Millers' home*). S'applique dans tous les cas où il est possible d'identifier l'être humain, ou quelque chose qui s'y apparente, dont il est question. Ne marche pas pour « *bookshop* » (la librairie), par exemple.

- Si j'y vais : *I am going **to** the doctor's.*
- Si j'y suis : *I am **at** the doctor's.*
- Si j'en viens : *I come **from** the doctor's.*

Domiciles, églises, hôpitaux, sites, tout ce qui est désigné par quelque chose qui pourrait être vivant bénéficie de la même construction :

I am going...

- ... *to St Patrick's* (*cathedral*),
- ... *to St Andrew's* (*hospital*),
- ... *to St Michael's Mount* (*France or Cornwall*) ;

Mais...

- ... *to Waterloo Station*, ou *to Buckingham Palace*.

Attention

En anglais, le pluriel de Miller est **the Millers**. Les noms propres y prennent le pluriel, contrairement au français.

Créez vos phrases avec les mots qui illustrent les sons de l'étape.

www.jpn-globish.com, chapitre N-3, et 50 fois. À écrire dans le registre.

Bonus de l'étape : le chapeau sur la tête, ou mon chapeau sur ma tête ?

> **The men came into the room with their hands in their pockets and their hats on their heads.**
>
> Les hommes entrèrent dans la pièce, les mains dans les poches et le chapeau sur la tête.

Dans le même ordre d'idée :

I am washing my hands.	Je me lave les mains.
They scratch their heads.	Ils se grattent la tête.
She brushes her teeth.	Elle se brosse les dents.

Américaine curiosité : les outils anglo-saxons

Hi Mechanics!

Salut, les mécanos !

Clés anglaises et clés métriques : les clés anglaises sont d'un pouce (one inch), d'un demi-pouce, puis quart de pouce, huitième de pouce, seizième de pouce (« sixteenth of an inch », à tort appelée plus communément « sixteen »…).

Par exemple : *Give me a nine-sixteen* (en fait : *a nine-six-teenths-of-an-inch wrench*), Passe-moi une clé de quatorze (mm). Si vous voulez une impression des divergences entre les Anglais des États-Unis et de la Grande-Bretagne, allez sur « Wikipedia wrench »… « Wrench » veut dire clé, mais il est probable que vous n'en aurez pas besoin. « Tool » et quelques gestes devraient suffire à exprimer votre éventuelle demande.

Conseil

Ne pas tomber en panne en Europe avec une voiture made in USA et de l'outillage français ! Il vous faut au minimum une clé à molette et/ou une pince multiprise.

Mais il faut observer que les Américains en viennent de plus en plus au système métrique, d'emploi et d'énonciation plus aisés, et qui a pour fraction élémentaire le millimètre. Car dans leur système, la plus petite dimension est le 16e de pouce, soit 1,6 mm. Ses dénominations successives, en tailles croissantes sont, à partir de sa plus petite fraction : 1/16, 1/8, 3/16, 1/4, 5/16, 3/8, 7/16, 1/2, 9/16, 5/8, 11/16, 3/4, 13/16, 7/8, 15/16.

Donc 3 pouces et 5/16 moins 1 pouce 7/8 égale… ? Réponse : 3,65 cm. Essayez de le faire de tête… !

La chanson de l'étape

« *Do Re Mi – The Sound of Music.* »

🖥 🔊 👂 Paroles sur www.jpn-globish.com. 🗣 Pratiquez toute la semaine.

Étape O {👄 ö), Oscar[1] {👄 òs kƏr)

Les sons à maîtriser

Symbole : è	Symbole : ë
best : 👄 bèst	speed : 👄 spëd

📚	👄	📚	👄
already	ôl rèd ë	decrease	dì krës
president	prèz Ə dƏnt	believe	bì lëv
recognize	<u>rèk</u> Əg nïz	between	bì twën
certain	sèr tƏn	automobile	<u>ò</u> tƏ *mƏ* bël
chemical	kèm Ə kƏl	democracy	dì mòk rƏ së
technical	tèk nƏ kƏl	factory	fàk tƏ rë
desert	dèz Ərt	extreme	èk strëm
eleven	ì lèv Ən	engineer	èn djƏ <u>nër</u>
collect	kƏ lèkt	astronomy	Əs tròn Ə më
fertile	fèr tƏl	industry	in dƏs trë
condemn	kƏn dèm	immediate	ì më dë ìt
ceremony	<u>sèr</u> Ə mö në	quality	kwòl Ə të
delicate	dèl Ə kit	economy	ì kòn Ə më
develop	dì vèl Əp	society	sƏ sï Ə të
electricity	ì lèk <u>trìs</u> Ə të	treatment	trët mƏnt
embassy	èm bƏ së	serious	sër ë Əs

🖥 🔊 🎧 www.jpn-globish.com, chapitre O-1, et 👤 50 fois.

---

1. Prénom tiré du nom d'une divinité d'Europe septentrionale porteuse d'une lance. De nos jours, haute récompense décernée annuellement par l'Académie des arts et sciences du cinéma aux États-Unis d'Amérique.

J'exprime une idée relative au futur : le verbe au futur de base

> **Tomorrow morning, <u>I'll resign</u> from my current position, and <u>I'll need</u> to find another job.**
>
> Demain matin, je remettrai ma démission de mon poste actuel, et j'aurai besoin de me trouver un autre emploi.

À un moment du futur, cela se produira...

Affirmation	Négation	Interrogation
I'll go	*I won't go*	*Will I go?*
He'll recognize	*He won't recognize*	*Will he recognize?*
She'll collect	*She won't collect*	*Will she collect?*
It'll violate	*It won't violate*	*Will it violate?*
We'll decide	*We won't decide*	*Will we decide?*
You'll explain	*You won't explain*	*Will you explain?*
They'll believe	*They won't believe*	*Will they believe?*

- Formes contractées à toutes les personnes pour les formes affirmatives et négatives :
  *will = 'll, will not = **won't***

- Forme pleine de ***WILL*** pour la conjugaison interrogative.
  Exemples : ***Will** I be your guide in this town?* Serai-je ton guide ? ***Will** we have lunch together?* Déjeunerons-nous ensemble ?

Créez vos phrases en mettant ces expressions au futur. À écrire dans le registre :

The meeting was short.	
Which car do you choose?	
It isn't a fertile land.	
They had a president.	
It is a serious problem.	
The company doesn't develop this product.	

Questions ouvertes

What will he do tomorrow? (fly to Milan)	
Whose car will you take?	
Where will Tom sleep? (hotel)	
When will you invite me? (tomorrow)	

Questions oui/non

Will you eat now?	yes	
Will Ron join us?	no	
Will the factory ship the goods tomorrow?	yes	
	no	
Will the clients wish to see the new plant?	yes	
	no	
Will the engineer believe this?	yes	
	no	

🖥 ◀)) 🔊 www.jpn-globish.com, chapitre O-2, et 👤 50 fois.

👤 Créez vos phrases en répondant « No », et en formulant la proposition opposée. 📋 À écrire dans le registre.

Exemples : *Will Bob help you? Bob will, but his brother won't.*

☺ *En globish élémentaire*

« Bob yes, his brother no », mais c'est bien moins bon que la réponse ci-dessus qui rajoute le verbe clarifiant tout.

Will she come at 9?	no, 10:00	She won't come at 9, but she will at 10
Will Bob understand us?	Fred	
Will you cheer for NY?	Detroit	
Will he shut the door?	window	
Will they leave now?	later	

☺ *Alternative globish*

Vous exprimez le futur en utilisant le présent de base :

The plane takes off at 10 o'clock.

L'avion décolle(ra) à 10 heures.

I get married to Harry next month.

J'épouse(rai) Harry le mois prochain.

Les horaires à venir ne sont donnés qu'avec le présent de base.

J'évoque, dans le futur, une circonstance qui aura une durée, une continuité : le verbe au futur de continuité

> **Tomorrow, at this time, <u>I will be flying</u> to Montréal.**
> Demain, à cette heure-ci, je serai en route pour Montréal
> (je serai dans l'avion de Montréal).

L'action sera <u>en train de se dérouler</u> dans l'avenir, elle aura une durée, une continuité.

👤 Créez vos phrases. 📋 À écrire dans le registre :

Next month	The new unit (to start production)	
On Saturday	I (to visit the new plant)	
Tomorrow	She (to work in a new office)	
After their long business trip	They (to have a rest)	

🖥️ 🔊 📶 www.jpn-globish.com, chapitre O-3, et 👤 50 fois.

Bonus de l'étape : *to be used to, to get used to*

Pour exprimer l'accoutumance, la familiarité avec :

When I was a young man, I drove a Land Rover. I was used to it.	J'étais habitué à…
I've just traded it for a new SUV. I can't find all the controls. I am not used to it.*	Je ne suis pas habitué à…
Gradually, I am getting used to this new car. In fact, I am used to it now.	Je m'habitue à…

* SUV, en américain = ***sport utility vehicle***, soit notre 4x4 ou le VUS (véhicule utilitaire sport) au Québec, qui se dit aussi ***four wheel drive***.

At a crossroads near my place (house), the traffic-lights have just been replaced by a roundabout.	Au carrefour près de chez moi, les feux de circulation viennent d'être remplacés par un rond-point.
→ *I was used to the traffic lights.*	
→ *I am not used to the new traffic circle.*	
→ *I'm progressively getting used to the new roundabout.*	

Également pour exprimer l'habitude, la coutume, la répétitivité :

When I was on holiday, <u>I used to</u> get up at ten o'clock.	Quand j'étais en vacances, <u>je me levais habituellement</u> à dix heures.

Négation

When I was young, I didn't use to travel.

Interrogation

Did you use to drink whisky while you were staying in Dublin?

Angloricaine curiosité : l'expression de la tendresse

Comment s'adresser à la femme de sa vie ? (*to address Paul* : s'adresser à Paul) :

**Sweetheart, how about a Porsche for
Valentine's Day?
Honey! – Sugar! – Sugar-pie!**

(Tout ce qui est d'une saveur sucrée exprime aussi la tendre affection, comme le petit chou, forcément à la crème en français. Si vous souhaitez que les anglophones s'esclaffent grassement, profitez de leur présence pour appeler l'être cher « *my little cabbage* ». C'est aussi hilarant que de l'appeler en français « mon petit navet » ou « ma petite courgette ».)

Mais si vous voulez faire élégant et cultivé, vous pouvez écrire « *dearest beloved* » (très chère aimée), ultime et tendre appellation souvant utilisée à l'intention de sa maîtresse, Emma Hamilton, par l'amiral Horatio Nelson peu avant sa mort à la bataille de Trafalgar, le 21 octobre 1805.

La chanson de l'étape

« *Moon River.* »

💻 🔊 🎧 Paroles sur www.jpn-globish.com. 👤 Pratiquez toute la semaine.

Étape P {👄 pë}, Papa[1] {👄 pâ pƏ}

Les sons à maîtriser

Symbole : ì	Symbole : ï
pin : 👄 pìn	light : 👄 lït

📚	👄	📚	👄
billion	bìl yƏn	behind	bì hïnd
important	ìm pôr tƏnt	combine	kƏm bïn
business	bìz nìs	describe	dì scrïb
history	hìs tƏ rë	crisis	krï sìs
innocent	ìn Ə sƏnt	tonight	tƏ nït
injure	ìn djƏr	frighten	frït Ən
before	bì fôr	organize	ôr gƏn ïz
equipment	ì kwìp mƏnt	invite	ìn vït
listen	lìs Ən	crime	krïm
individual	in dƏ vìdj ü Əl	compromize	kòm prƏ mïz
physical	fìz Ə kƏl	smile	smïl
subject	sùb djìkt	criticize	krit Ə sïz
judge	djùdj	exile	èg zïl
enough	ì nùf	identity	ï dèn tƏ të
emotion	ì mö shƏn	island	ï lƏnd
little	lìt Əl	minor	mï nƏr

🖥 🔊 👂 www.jpn-globish.com, chapitre P-1, et 👤 50 fois.

---

1. Terme enfantin assez universellement répandu dans les langues de souche indo-européennes pour désigner le monsieur dont les fructueux élans d'autrefois vous auront permis de lire cette note.

J'exprime le futur et le passé immédiats

> ## I have <u>just</u> been dismissed.
> Je viens d'être renvoyé.
>
> ## I <u>am going</u> to find a better job.
> Je vais trouver un meilleur emploi.

Il s'agit ici d'actions passées et futures certes, mais très proches du présent. ***Going to*** suivi de l'infinitif offre une alternative très facile et très acceptable à la conjugaison du futur par ***WILL***.

Just se rajoute devant toutes les formes de verbes, pour exprimer une immédiateté, un peu comme le mot « juste » en français.

☺ *Alternative globish*

Utilisez la forme « I'm gonna » pour I'm going to. Une expression état-sunienne passe-partout pour exprimer ce que l'on va faire. Ex. : **I'm gonna work, I'm gonna eat, I'm gonna leave.** *Vous pouvez l'utiliser à la place de* **WILL** *pour parler du futur.*

Changing my old car for a new one	I sold the Chevrolet yesterday	I've just sold…
	I will buy a Ford tomorrow	I'm going to buy…
At the airport	to pass the police	
	to board the plane	
At Le Louvre	to buy a ticket to visit the paintings	
Phone bell	to hear the telephone bell to take up the receiver	

🖥 🔊 🗣 www.jpn-globish.com, chapitre P-2, et 🗨 50 fois.

Négation

He wasn't going to take a picture.
They weren't going to take…

Interrogation

Was he going to take a picture?
Were they going to take a picture?

👤 Créez vos phrases : (en utilisant ***going to***). 📋 À écrire dans le registre.

Bob describes the new product.	*Bob is going to describe the new product.*
Fred doesn't listen to me.	
Does she smile?	
Will the customer approve?	
He invited the clients.	
I didn't choose a special job.	
Did they show you the new equipment?	

Questions ouvertes

What is Fred going to do? (to criticize the project)	*Fred is going to criticize the project.*
When are they going to release the product? (tomorrow)	
Who was going to drive the players? (the team leader)	
Where are we going to go? (Acapulco)	

Questions oui/non

Is Bill going to shut the door? (no, but to open the door)	
Were you going to chair the meeting? (not me, but Tom yes)	
Is the cat going to frighten the visitors (the cat no, the dog yes)	
Was Chuck going to wash your car? (your car no, but his car yes)	

🖥 🔊 🗣 www.jpn-globish.com, chapitre P-3, et 👤 50 fois.

Bonus de l'étape : premier, deuxième, centième

the first	1st	the eleventh	11th	the tenth	10th
the second	2nd	the twelfth	12th	the twentieth	20th
the third	3rd	the thirteenth	13th	the thirtieth	30th
the fourth	4th	the fourteenth	14th	the fortieth	40th
the fifth	5th	the fifteenth	15th	the fiftieth	50th
the sixth	6th	the sixteenth	16th	the sixtieth	60th
the seventh	7th	the seventeenth	17th	the seventieth	70th
the eighth	8th	the eighteenth	18th	the eightieth	80th
the ninth	9th	the nineteenth	19th	the ninetieth	90th
the tenth	10th	the twentieth	20th	the hundredth	100th

La nième fois = ***the upteenth time***.

Angloricaine curiosité : le premier jour de la semaine

Avez-vous remarqué qu'une semaine commence le dimanche sur un calendrier anglais ? Alors qu'elle commence en France le lundi ? En d'autres termes, un Anglo-Saxon se repose une journée pour travailler ensuite pendant six jours. Un travailleur français ne peut se reposer qu'après avoir travaillé pendant six jours. Ce n'est pas tout à fait la même philosophie. Laquelle préférez-vous ?

La chanson de l'étape

« *Whatever will be, will be.* (Que será, será) »

📺 🔊 🗣 Paroles sur www.jpn-globish.com. 👤 Pratiquez toute la semaine.

Étape Q {👄 kyü}, Quebec[1] {👄 kwì bƏk}

Les sons à maîtriser

symbole : ò rock : 👄 ròk	symbole : ö gold : 👄 gold

📚	👄	📚	👄
belong	bi lòng	toward	tö wèrd
property	pròp Ər të	below	bì lö
comment	kòm Ənt	veto	vë tö
withdraw	wìdh drò	local	lö kƏl
policy	pòl Ə së	process	prö sès
knowledge	nòl ìdj	suppose	sƏ pöz
modern	mòd Ərn	oppress	ö près
involve	ìn vòlv	protest	prö tèst
opposite	òp Ə zit	roll	röl
officer	òf Ə sƏr	show	shö
politics	pòl Ə tiks	revolt	rì völt
rocket	ròk it	total	tö tƏl
ecology	ë kòl Ə djë	soldier	söl djƏr
cooperate	kö <u>òp</u> Ər ät	zero	zër ö
cotton	kòt Ən	over	ö vƏr
doctor	dòk tƏr	only	ön lë

🖥️ 🔊 💬 www.jpn-globish.com, chapitre Q-1, et 👤 50 fois.

---

1. La capitale de la Belle Province, dont la France aura été fort stupidement privée au titre du traité de Paris en 1763. Il aura fallu admettre que le premier « e » de Québec perde son accent pour que cette magnifique cité figure dans cet alphabet international. Elle a quand même fait mieux que Paris, qui n'y est jamais arrivé…

J'exprime la possession
(suite de *November*)

> **I don't know who this property <u>belongs to</u>.**
>
> Je ne sais pas à qui appartient cette propriété.
>
> **<u>Whose property</u> is this?**
>
> C'est la propriété de qui ? À qui appartient cette propriété ?

☺ *Alternative globish*

Who owns this property?

Diverses réponses possibles

A	*This is Paul's property.*	La propriété de Paul.
B	*This is Paul's.* *This is the company's.* *This is my friend's.*	Celle de Paul. Celle de la société. Celle de mon ami.
C	*This is her property.*	C'est sa propriété (à elle).
D	*This property is hers (it's hers).*	C'est la sienne. C'est à elle.

• Réponse A : vue à l'étape *November*.

☺ *Alternative globish*

Dans tous les cas, it belongs to…

• Réponse B : on sous-entend le mot **property**, étant donné que c'est évident et qu'il n'y a aucune ambiguïté.

Créez vos phrases : (en français, on dirait celui de, celle de, etc.), À écrire dans le registre.

My old colleague	*It's my old colleague's*
My brother's wife	
The bus driver	
Poor old Bob	

- Réponse C : on utilise ***my,*** mon – ***your,*** ton – ***his,*** son – ***her,*** son – ***its,*** son – ***our,*** notre – ***their,*** leur. ***His, her*** ou ***its*** selon que le propriétaire est masculin, féminin, ou neutre (tout ce qui n'est pas humain ou assimilé).

Exemples

I am a man.	*My name is Jim.*
You come from France.	*Your language is French.*
He is German.	*His country is Germany.*
She is Italian.	*Her country is Italy.*
It is grass.	*Its color is green.*
We are living in Quebec.	*Our house is made of wood.*
They are American.	*Their Pdt is G.W. Bush.*

Créez vos phrases (en français, on dirait : mon, ma, mes, ton, ta, tes, etc.).

I	*(to have a house)*	*It is…*
Monica	*idem*	*It is…*
Fred	*idem*	*It is…*
The dog	*idem*	*It is…*
Sue & I	*idem*	*It is…*
You	*idem*	*It is…*
The Jones	*idem*	*It is…*

www.jpn-globish.com, chapitre Q-2, et 50 fois.

- Réponse D : on utilise ***mine – yours – his – hers – its own – ours – yours – theirs.***
  (***mine*** = le mien, la mienne, les miens, les miennes, à moi)

Créez vos phrases en reprenant le cadre précédent et dites, en parlant de la maison : « C'est la mienne », « C'est à moi » > ***It is mine***, et ainsi de suite.

À écrire dans le registre.

www.jpn-globish.com, chapitre Q-3, et 50 fois.

Questions avec whose :

Imaginons que vous êtes dans un lieu public : *Whose keys are these?* À qui sont ces clés ?

Vous découvrez	Vous demandez
A bag	Whose…?
Shoes	
Credit card	
Dollar-bills	

☺ Alternative globish

Who owns this bag? This bag belongs to whom?

La manière de dire « celui de » :

> **I don't have a car, I'll take Bob's** (sous-entendu : car).
> Je n'ai pas de voiture, je vais prendre celle de Bob.

Celui de, celle de, ceux de, celles de…

Par la même logique, le mot déterminé est ici aussi oublié, pour la raison que sa proximité avec ce qui le précède dans la phrase le rend superflu.

👤 Créez vos phrases en traduisant. 📋 À écrire dans le registre :

Ma maison est vieille, celle de Bob est neuve.	
Je n'aime pas ta voiture, celle de Bill est plus populaire.	
Mes parents sont riches, ceux de ma petite amie le sont moins.	

🖥 🔊 📶 www.jpn-globish.com, chapitre Q-3, et 👤 50 fois.

Bonus de l'étape : les circonstances relatives

Aux étapes Bravo, Delta, Echo, Hotel, November, les exemples vous ont déjà montré que who (qui), whose (de qui, à qui), which, what, when, servent à poser des questions.

Fred will build a house in Padova when he gets his father's money.	Fred construira une maison à Padoue quand il recevra l'argent de son père.
Who will build a house?	Qui construira… ?
Whose money will Fred get?	L'argent **de qui** recevra-t-il ?

Mais ces mots servent aussi à articuler les diverses parties d'une phrase en créant des circonstances subordonnées.

Exemple

*Mr Jones is the man **who** (qui, que) is going to be in charge of the Marketing Department.*	Who remplace le mot « man ».

Pour remplacer un nom de chose, on emploierait ici ***which.***

Exemples

*My car is the car **which** (qui, que) is parked next to the checkpoint.*
*This is the hotel **where** (où) I spend my holidays.*
*She always does **what** (quoi, ce que) she likes.*
*It is the time **when** (où) I have to give my opinion.*
*The officer calls the soldiers **whose** (dont) names begin with a « B ».*

☺ *Alternative globish*

Dans un grand nombre de cas (mais pas dans les interrogations), vous pouvez remplacer who et which par that, sans vous soucier de savoir si vous parlez d'une chose, d'un animal ou d'une personne.

Angloricaine curiosité : les jurons

A four-letter word	un mot de quatre lettres, un gros mot
Improper language, dirty speaking	grossièreté

Le juron le plus commun de la langue française s'écrit en cinq lettres. Or il se trouve que les gros mots anglais ont quasiment toujours quatre lettres. D'où le terme générique de *four letter words*.

On les retrouve principalement dans les trois mêmes domaines qu'en français, c'est-à-dire : la scatologie, la religion et le sexe. Ils ne seront pas cités dans un ouvrage de cette qualité, *it goes without saying!* Vous savez déjà que l'usage en est proscrit en globish. Les citer ici, dans le livre que vous étudiez, en défigurerait tant l'élégance que la correction.

La chanson de l'étape

« *Some Enchanted Evening.* »

Paroles sur www.jpn-globish.com. Pratiquez toute la semaine.

<u>Étape R</u> {âr}, <u>Romeo</u>[1] {rö më ö}

Les sons à maîtriser

symbole : ù	symbole : ü
cup : cùp	cool : kül

📚	👄	📚	👄
struggle	strùg ∂l	cool	kül
button	bùt ∂n	crew	krü
color	kùl ∂r	fluid	flü ìd
custom	kùs t∂m	include	ìn klüd
discover	dìs kùv ∂r	fruit	früt
government	gùv ∂rn m∂nt	jury	djür ë
insult	ìn sùlt	ruin	rü ∂n
money	mùn ë	remove	rì müv
once	wùns	supervise	<u>sü</u> p∂r vïz
result	rì zùlt	troop	trüp
butter	bùt ∂r	two	tü
study	stùd ë	who	hü
number	nùm b∂r	moon	mün
other	ùdh ∂r	roof	rüf
hundred	hùn dr∂d	school	skül
blood	blùd	loose	lüs

🖥️ 🔊 🎧 www.jpn-globish.com, chapitre R-1, et 👥 50 fois.

---

1. Selon William (susnommé), Roméo est inséparable de Juliet (dixième de nos étapes, page 141) et, pour les amateurs d'automobiles, inséparable d'Alfa (première de nos étapes).

J'indique les conditions et les circonstances : le verbe au conditionnel

1. **Pour exprimer une condition au présent**

> **If I had money, <u>I would buy</u> a little company.**
> Si j'avais l'argent, j'achèterais une petite société.

Il se construit en plaçant l'auxiliaire ***WOULD*** avant le verbe dans sa forme courante, identique à son infinitif.

☺ *Alternative globish*

If I have the money, I buy a car.

Affirmation

I would buy (I'd buy).
You would (you'd) study.
She would discover (she'd discover).
He would struggle (he'd struggle).
It would result (it'd result).
We would (we'd) insult.
They (they'd) would include.

Négation

I would not (wouldn't) buy. (Je n'achèterais pas.)

Interrogation

Would I buy? (Achèterais-je ?)

👤 Créez vos phrases. 📋 À écrire dans le registre :

you (to ask) me,	I (to help) you.	
If Bob (to work) more,	he (to get) more money.	
I (to know) his address,	I (to write) to him.	
you (to see) Sue,	you (to love) her.	

🖥️ 🔊 🎧 www.jpn-globish.com, chapitre R-2, et 👤 50 fois.

2. Pour rapporter des propos

> **He said (that) <u>he would call</u> in the afternoon.**
>
> Il a dit qu'il appellerait dans l'après-midi.

☺ *Alternative globish*

He said : "I will call this afternoon".

👤 Créez vos phrases. 📋 À écrire dans le registre :

	he (to help) us.	He said he would help us.
		He said he wouldn't help us.
He said	Liz (to buy) the car.	
He said	Bob (to come) with us.	

🖥️ 🔊 🎧 www.jpn-globish.com, chapitre R-3, et 👤 50 fois.

3. Pour dire l'habitude

> **We <u>would drink</u> water from time to time.**
>
> Nous buvions de l'eau de temps à autre.

☺ *Alternative globish*

We drink water from time to time.

👥 Créez vos phrases. 📋 À écrire dans le registre :

	(to have dinner) with Fred.	Every night, I would have dinner with Fred.
Everyday	the sales rep'* (to come) at 10:00.	
	we (to exchange e- mails) on a permanent basis.	

** The sales rep : the sales representative, le représentant, le vendeur.*

🖥️ 🔊 👂 www.jpn-globish.com, chapitre R-4, et 👥 50 fois.

4. **Pour indiquer l'intention**

> **He <u>would swim</u>, but the sea is too cold.**
>
> Il nagerait volontiers, mais la mer est trop froide.

☺ *Alternative globish*

He likes swimming, but the sea is too cold.

👥 Créez vos phrases. 📋 À écrire dans le registre :

I (to tell)	(to take the bus) but he (to walk).	I told him to take the bus, but he would walk.
She	(to give) me a present, but I (to accept). négative	
They	(to want) to use my car, but I (to give my keys). négative	

🖥️ 🔊 👂 www.jpn-globish.com, chapitre R-4, et 👥 50 fois.

5. Pour dire la préférence

> **I would rather remain unemployed than work
> for a racist corporation.**
>
> Je préférerais rester chômeur que travailler
> pour une entreprise raciste.

☺ *Alternative globish*

*For me, I prefer to be unemployed than to work for a racist company,
voire For me, better be unemployed than to work for a racist company.*

 Créez vos phrases. À écrire dans le registre :

They (to visit) Venice.	*They would (they'd) rather visit Venice.*
I (to buy) a truck.	
John (to stay) in the office.	

 www.jpn-globish.com, chapitre R-5, et 50 fois.

6. Pour exprimer un souhait

> **I wish you would help me.**
>
> J'aimerais que tu m'aides.

☺ *Alternative globish*

I wish you help me, please help me, I need your help.

 Créez vos phrases. À écrire dans le registre :

I wish	*the Turners (to come Sunday).*	
	she (to send) me an invitation.	

 www.jpn-globish.com, chapitre R-5, et 50 fois.

7. Pour exprimer les mêmes choses au passé

> **If I hadn't drunk whisky,**
> **_I would have driven_ you back home.**
>
> Si je n'avais pas bu de whisky,
> je vous aurais ramenés chez vous en voiture.

☺ *Alternative globish*

I cannot drive you back home, I drank too much whisky, voire Too much whisky, I can't drive.

Affirmation

I would have spoken.	J'aurais parlé.
I would have gone.	Je serais allé.
I would have come back.	Je serais revenu.

Négation

I would not (wouldn't) have spoken.

Interrogation

Would I have spoken?
What would you have done, if you had had no car?

☺ *Alternative globish*

What could you do without a car?

Who would you have called, if Bob had been overseas?

☺ *Alternative globish*

Suppose Bob had been overseas, you would have called whom?, voire éventuellement Suppose Bob is overseas, who do you call?

Bonus de l'étape : faire faire

> ***I can't change the oil in my car engine.***
> ***<u>I'll have the oil changed</u> (at the gas station).***
>
> Je ne peux pas (je ne sais pas) changer l'huile du moteur
> de ma voiture. Je la fais remplacer (par un mécanicien).

Passé

I had the wheel replaced.

Futur

I can't drive my car.	*I'll have my car driven by my son.*
I won't be able to buy butter for you.	*I will have butter bought by my wife.*

Angloricaine curiosité : les teenagers

Ce sont chez nous les « adolescents », sauf que chez nous la notion est bien vague : ce sont nos jeunes se trouvant « entre la puberté et l'âge adulte »... En angloricain, c'est bien précis en raison de la coïncidence entre numération et biologie animale :

Vous aurez noté que les nombres de 13 à 19 se construisent à l'aide du suffixe ***-teen***. Or, il se trouve qu'à treize ans, l'être humain commence à être capable de procréer et qu'à dix-neuf, il a terminé sa croissance. D'où l'expression :

He (she) is in his (her) teens.	*A teenager.*
Il (elle) est dans l'adolescence.	Un(e) adolescent(e).

La chanson de l'étape

« *The way you look tonight.* »

🖥 🔊 🎧 Paroles sur www.jpn-globish.com. 🎤 Pratiquez toute la semaine.

<u>Étape S</u> {⇔ ès), <u>Sierra</u>[1] {⇔ së êr ∂)

Les sons à maîtriser

symbole : ô	symbole : yü
door : ⇔ dôr	new : ⇔ nyü

📚	⇔	📚	⇔
almost	ôl môst	continue	k∂n tìn yü
also	ôl sö	execute	<u>èks</u> ∂ kyüt
cork	kôrk	use	yüz
tomorrow	t∂ môr ö	value	vàl yü
export	èk spôrt	pure	pyür
transport	tràns pôrt	reduce	rì dyüs
story	stôr ë	yours	yürz
morning	môr nìng	security	së kyür ∂ të
normal	nôr m∂l	stupid	styü pìd
perform	p∂r fôrm	tube	tyüb
project	prô djèkt	universe	<u>yü</u> n∂ vèrs
support	s∂ pôrt	university	yü n∂ <u>vèr</u> s∂ të
forward	fôr w∂rd	community	k∂ myü n∂ të
award	∂ wôrd	few	fyü
explore	èk splôr	unite	yü nït
former	fôr m∂r	news	nyüz

🖥 🔊 👂 www.jpn-globish.com, chapitre S-1, et 👤 50 fois.

---

1. À l'origine, mot castillan se traduisant par « scie », et appliqué par les Espagnols à des chaînes de montagnes particulièrement dentelées. Lorsque les étatsuniens, au-delà de la Louisiane, conquirent l'Ouest américain précédemment occupé par les Espagnols, ils découvrirent les montagnes locales ainsi baptisées.

Je donne des ordres : le verbe à l'impératif

> **Show me your CV.**
>
> *Let me see your résume.*
>
> Montrez-moi votre CV (aussi appelé **résumé** en anglais, écrit **resume**, mais prononcé à la française).

☺ *Alternative globish*

I want to see your CV now.

Pour donner un ordre à tout le monde, y compris à soi-même :

let me see	je souhaite voir
(let you) look	regarde
let him, her, it start	qu'il, elle, débute
let us drive, let's drive	conduisons
let them finish	qu'ils terminent

Let est sous-entendu pour les ordres donnés à *you*.

Créez vos phrases. À écrire dans le registre :

Exemple : *student speaking to himself to learn a lesson*: **Let me study history!**

Who (qui donne l'ordre ?)	To/of (à qui/de qui)	Verb (ordre de faire quoi ?)	About (à propos de)	Your sentence	Alternative globish
policeman	to driver	(to see)	papers	…	I want to see your papers.
sick visitor	to doctor	(to stay)	in bedroom	…	I want to stay in bed.
father	to son	(to buy)	a balloon	…	Buy a balloon!
father	of daughter	(to wear)	a green hair	…	Do not wear a green air ou I do not want you with a green hair.
man	of dog	(to eat)	bone	…	Eat your bone!
father	to family	(to have a meal)	near the river	…	We should have a meal near the river.
man	to visitors	(to stay)	with us	…	Please, stay with us!
man	of visitors	(to sleep)	in the extra room	…	Sleep in the extra room!

🖥️🔊 www.jpn-globish.com, chapitre S-2, et 👤 50 fois.

J'interdis : l'impératif négatif

(*Policeman facing nudists*) :

> **Don't let me see that...!**

(Le gendarme devant les nudistes tropéziennes) :

> Ne permettez point que je voie semblable chose !

☺ *Alternative globish*

« *I don't want to see that* », ou « *Don't show me that* ».

Don't let me see…!	*Don't let it see…!*
Don't let him see…!	*Don't let us se…*
Don't let her see…!	*Don't let them see…!*

👤 Créez vos phrases. 📋 À écrire dans le registre :

Exemple : *Team leader to players before a match :* **Don't be aggressive!**

Who (qui parle)	To/of (à qui/de qui)	Verb	About (à propos de)	…
driver	to himself (at the stop)	(to take)	the wrong direction	…
wife	to husband	(to forget)	to buy gas	…
husband	to wife (about their son)	(to smoke)	cigarettes	…
husband	to wife (about their daughter)	(to smoke)	cigarettes	…
husband	to wife (about their dog)	(to bite)	our baby	…
father	to wife and himself	(to forget)	to turn off the lights	…
father	to wife (about their children)	(to miss)	school	…

🖥️ 🔊 👂 www.jpn-globish.com, chapitre S-3, et 👤 50 fois.

Bonus de l'étape : je m'exclame

(*A wonderful world*) :

What a wonderful world!
How wonderful this world is!

☺ *Alternative globish*

This world is really wonderful!

Au pluriel (*very lovely girls*) :

What lovely girls!
How lovely these girls are!

☺ *Alternative globish*

These girls are really lovely!

Angloricaine curiosité : le téléphone

1. Pour épeler votre nom, vous pouvez faire appel à l'alphabet international utilisé ici pour dénommer nos étapes : « A for Alfa, B for Bravo, C for Charlie », etc.

2. Les nombres se donnent chiffre par chiffre quand ils n'expriment pas une quantité :

- un numéro de téléphone :
$$287.52.46 : \textit{two} - \textit{eight} - \textit{seven} - \textit{five} - \text{etc.}$$
- un code de produit (« *a Peugeot car* ») :
$$108 : \textit{one} - \text{O (prononcer la lettre « O »)} - \textit{eight.}$$

Dans ce cas, on ne parle plus de ***numbers*** mais de ***digits*** (*digital display* = affichage digital). Quand cela est plus facile, on préférera recourir aux nombres de dix à cent également : un Airbus A-380, *A three-eighty*. Les ordinateurs de la gamme 360, *the three sixty series computers*, plutôt que *three – six – zero*. Le prédécesseur de cette gamme, appelé 1401 : *fourteen – O – one*. D'effroyables mémoires, le 11 septembre 2001 : *nine eleven*.

La chanson de l'étape

« *What a wonderful world.* »

🖥 ◀ 🔊 🎙 Paroles sur www.jpn-globish.com. 👤 Pratiquez toute la semaine.

Étape T {⏢ të}, Tango[1] {⏢ tàng gö}

Les sons à maîtriser

Les sons pêle-mêle		Les sons pêle-mêle	
body	bòd ë	popular	pòp y∂ l∂r
attempt	∂ tèmpt	possible	pòs ∂ b∂l
intense	ìn tèns	depression	dì prèsh ∂n
denounce	dì nouns	instrument	in str∂ m∂nt
battle	bàt ∂l	attention	∂ tèn sh∂n
hollow	hòl ö	helicopter	<u>hèl</u> ∂ kòp t∂r
alone	∂ lön	dissident	dis ∂ d∂nt
surround	s∂ round	excellent	èk s∂ l∂nt
hostile	hòs t∂l	hospital	hòs pi t∂l
solid	sòl ìd	demonstrate	<u>dèm</u> ∂n strät
divide	dì vïd	population	pòp y∂ <u>lä</u> sh∂n
problem	pròb l∂m	disappear	dis ∂ <u>për</u>
release	rë lës	conservative	k∂n sèr v∂ tìv
natural	nàtch r∂l	ancestor	àn sès t∂r
anger	àng ∂r	establish	ì stàb lìsh
appear	∂ për	examine	eg zàm ∂n

🖥️◀)) 👂 www.jpn-globish.com, chapitre T-1, et 🗣️ 50 fois.

___

1. Danse célèbre d'Argentine, à l'origine considérée par les puritains comme trop évocatrice pour ne pas sembler indécente.

J'évoque la quantité, la mesure

> ***At 6:00 pm there are <u>many</u> cars in the street,***
> ***but at 6:00 am there were <u>few</u>.***
>
> Il est 18 heures : il y a <u>beaucoup</u> de voitures dans la rue,
> mais à 6 heures du matin il y en avait <u>peu</u>.

And there is much noise now,
while there was little this morning.

Et il y a beaucoup de bruit maintenant,
alors qu'il y en avait peu ce matin.

Ce que vous voulez exprimer	Ce dont il est parlé peut être compté, dénombré	Ce dont il est parlé peut être évalué, mesuré, mais ni compté ni dénombré	☺ *Alternative globish*
Une grande quantité, beaucoup	*many*	*much*	*a lot of* *a large number of* *a large amount of* *(money)*
Une faible quantité, peu	*few*	*little*	*a small piece of* *a small quantity of* *a small amount of* *(money)*
Entraîne le verbe au	pluriel	singulier	singulier

Les voitures (pluriel) peuvent être dénombrées : ***many*** et ***few*** ; le bruit (singulier) peut être évalué mais non compté : ***much*** et ***little***.

🗩 Créez vos phrases en complétant le tableau :

📋 À écrire dans le registre.

(in winter), clouds, rain	
(on highway) cars, traffic	
(in the freezer) food, ice cream	
(on table) bread, apples	
(rich man) money, dollars	
(in summer) clouds, rain	
(on country road) cars, traffic	
(poor man) money, dollar-bills	
(in Siberia) people, snow	
(in a library) books, dust	

🖥 ◀ッ 🗪 www.jpn-globish.com, chapitre T-2, et 👤 50 fois.

J'évoque l'excès, l'équivalence, l'insuffisance

**This boy has <u>too much</u> money and <u>too many</u> CDs,
<u>as much money as</u> my son, and <u>as many CDs</u> as my daughter,
but <u>too little</u> intelligence, and <u>too few</u> books.**

Ce garçon a trop d'argent et trop de CDs, c'est-à-dire autant de CDs
que mon fils, et autant d'argent que ma fille,
mais il n'est pas assez intelligent, et n'a pas assez de livres.

☺ *Alternative globish*

*This boy has money and CDs more than needed, that is the same
amount of money as my son, and the same number of CDs as my
daughter, but not enough intelligence and not enough books.*

Ce que vous voulez exprimer	Ce dont il est parlé peut être compté, dénombré	Ce dont il est parlé peut être évalué, mesuré, mais ni compté ni dénombré	☺ *Alternative globish*
L'excès de… trop de…	*too many*	*too much*	*in excess*
L'équivalence de quantités autant… que… aussi peu… que…	*as many as* *as few as*	*as much as* *as little as*	*the same amount of/as…* *the same number of/as…*
L'insuffisance de… pas assez de…	*too few*	*too little*	*not enough*
Entraîne le verbe au	pluriel	singulier	singulier

🗩 Créez vos phrases, sans oublier ***as few as*** et ***as little as*** (aussi peu que)
📋 À écrire dans le registre :

We won't go to Cannes in August (traffic, people)	
I prefer to fly to Cannes, instead of driving (danger, accidents)	
My car, your car, seats, space	
Today, yesterday, windstorms	

🖥 🔊 🗪 www.jpn-globish.com, chapitre T-3, et 🗩 50 fois.

Je questionne sur la quantité

How many vehicles, and how much fuel?   Combien de véhicules et combien de carburant ?

Ce que vous voulez exprimer	Ce dont il est parlé peut être compté, dénombré	Ce dont il est parlé peut être évalué, mesuré, mais ni compté ni dénombré	☺ *Alternative globish*
L'interrogation **Combien… ?**	How many…?	How much…?	*What amount…?* *What number of…?*
Entraîne le verbe au	pluriel	singulier	singulier

J'indique l'excès et sa conséquence

There is so much wind that I can hardly stand.

Il y a <u>tellement</u> de vent <u>que</u> je peux à peine me tenir debout.

Ce que vous voulez exprimer, l'exclamation	Ce dont il est parlé peut être compté, dénombré	Ce dont il est parlé peut être évalué, mesuré, mais ni compté ni dénombré	☺ *Alternative globish*
tellement… que	*so many… that*	*so much… that*	*such an amount… that such a number of… that*
si peu… que	*so few… that*	*so little… that*	*such a small amount… that such a small number… that*
Entraîne le verbe au	pluriel	singulier	singulier

Bonus de l'étape : *each other*

Mona Lisa and Leonardo are great friends :
they like each other.

Mona Lisa et Léonard sont très très amis :
ils s'apprécient réciproquement.

Attention

Ne pas confondre **themselves** avec **each other**. They love themselves : ils s'aiment (égoïstement). They love each other : ils s'aiment (l'un l'autre).

Exemples

Bob runs after Fred and Fred runs after Bob.	They run after each other.
He is deaf and she is blind.	They help each other.
He holds her hand and she holds his hand.	They hold each other by the hand.

Angloricaine curiosité : les températures

Fahrenheit		Celsius	
+ 212 °F	boiling point	+ 100 °C	point d'ébullition
+ 99 °F	body temperature	+ 37 °C	corps humain
+ 70 °F	room temperature	+ 21 °C	intérieur de maison
+ 32 °F	freezing point	0 °C	congélation eau
0 °F		− 18 °C	

La chanson de l'étape

« *It had to be you.* »

💻 🔊 👂 Paroles sur www.jpn-globish.com. 🗣 Pratiquez toute la semaine.

Étape U {👄 yü},
Uniform[1] {👄 yü nƏ fôrm}

Les sons à maîtriser

Les sons pêle-mêle		Les sons pêle-mêle	
📚	👄	📚	👄
extreme	èk strëm	inflation	ìn flä shƏn
illegal	ì lë gƏl	dictator	dìk tä tƏr
complex	kƏm plèks	incident	ìn sƏ dƏnt
connect	kƏ nèkt	mystery	mìs tƏr ë
severe	sƏ vër	aggression	Ə grèsh Ən
treason	trë zƏn	chemistry	kèm Ə strë
straight	strät	situation	sìtch ü ä shƏn
extra	èks trƏ	occupy	òk yƏ pï
machine	mƏ shën	example	èg zàm pƏl
people	pë pƏl	horrible	hôr Ə bƏl
hunger	hùng Ər	interfere	ìn tƏr fër
muscle	mùs Əl	realistic	rë Əl is tìk
against	Ə gènst	laboratory	làb rƏ tô rë
method	mèth Əd	vehicle	vë Ə kƏl
period	për ë Əd	victory	vìk tƏ rë
observe	Əb zèrv	operate	òp Ər ät

🖥 🔊 🎧 www.jpn-globish.com, chapitre U-1, et 👤 50 fois.

---

1. Comme chez nous, tenue portée uniformément par tous ceux qui souhaitent se reconnaitre et être reconnus comme appartenant à la même entité : le bicorne, la casquette de baseball avec la visière en arrière ou sur le côté, la montre Rolex en or, etc. Le tutoiement aussi dans beaucoup de milieux.

Je modifie le verbe par les auxiliaires d'appréciation : *can, may* et *might*

> **The company might consider this business.**
> **We could even offer you a job.**
> **You may go and see Jack to discuss,**
> **but you can't go without being presented first.**
>
> La société pourrait envisager cette activité ;
> nous pourrions même vous offrir un emploi ;
> vous pouvez aller voir Jack pour en discuter,
> mais vous ne pouvez pas y aller sans être présenté d'abord.

À toutes les personnes de la conjugaison, et pour tous ces verbes, la forme est la même : ***I MAY***, she ***MAY***, they ***MAY***. Ces auxiliaires n'ont pas de forme future. Si nécessaire, on utilise à cet effet leur forme du présent. Seul ***CAN*** a un passé : ***COULD***.

1. Les formes et la construction

Affirmation

	may		
You	might	speak	globish
	can		
(au passé)	could		

Interrogation : pas d'auxiliaire *DO, DOES, DID, HAVE, HAS, HAD*

May			
Can	I	speak	globish?
Could			

Négation : pas d'auxiliaire *DO, DOES, DID, HAVE, HAS, HAD*

	may not		
She	might not	speak	english
	cannot, can't		
(au passé)	couldn't		

2. Les principaux usages de can, may et might

<u>Can</u> I take tour hat? <u>May</u> I take your jacket?

Permission, autorisation : Je puis, il m'est permis de… Au négatif : refus, interdiction		☺ *Alternative globish*
Il peut, il lui est permis de…	*He can park here.* *He may park here.*	*He is permitted* *to park here.*
Il pouvait	*He could park.*	*He was permitted* *to park.*
Il pourra	*He can park here tomorrow.* *He may park here tomorrow.*	*He will be permitted* *to park here* *ttomorrow.*
Il aurait pu	*He could have parked* *outside.* *He may have parked outside.*	*He would have been* *permitted to park* *outside.*
Il pourrait	*He could park here if his* *car were smaller.*	*On a Sunday, he* *would be permitted* *to park here.*
En interrogation… ?	*Can I park here?* *May I park here?*	*Am I permitted* *to park here?*

Sergio <u>can</u> speak only Italian.

Capacité Je suis en mesure de… Je suis capable de…		☺ *Alternative globish*
Tu peux, tu sais	*You can walk to work.*	*You are able to walk* *to work.*
Tu pouvais, tu savais	*You could walk to work.*	*You were able to walk* *to work.*
Tu pourras, tu sauras	*You can walk to work* *tomorrow.*	*You will be able* *to walk to work.*
Tu auras pu, tu auras su		*You will have been* *able to walk to work.*
Tu pourrais, tu saurais	*You could walk to work.*	*You would be able* *to walk to work.*
En interrogation… ?	*Can you walk to work?*	*Are you able to walk* *to work?*

We <u>can</u> go to Paris tomorrow. It might rain tonight.

Hypothèse, conjecture, éventualité, possibilité : Il se pourrait que… Peut-être…		☺ *Alternative globish*
Il se pourrait qu'il…	*He can be in London now.* *He could be in London tomorrow.* *It could freeze tonight.* *It might freeze tomorrow.*	*Maybe he is in London now.* *Maybe he will be in London tomorrow.* *Maybe it will freeze tonight.*
Il aurait pu se faire qu'il soit…	*He could be in London then.* *He might be in London then.*	*Maybe he was in London then.*
Il aurait pu se faire qu'il ait été…	*He could have been in London then.*	*Maybe he would have been in London then.*
En interrogation… ?	*Could he be in London now?* *Can he be in London tomorrow?*	*Maybe he is in London now?* *Maybe he will be in London tomorrow?*

MIGHT implique une probabilité inférieure à celle des autres verbes. Plus proche de « il se pourrait », tout juste distancié de « il se peut ».

👥 Créez vos phrases dans les cas suivants avec d'autres mots de l'étape :

The sky is black. (a storm)	*We might have a storm.*
You are trying on shoes at the shoe-store.	*The girl says :* *« You… (this other model) »*
Her new expert will be known soon.	*Man?/Woman?* *It may be…* *It can't be both!!*

🖥️◀))🎧 www.jpn-globish.com, chapitre U-2, et 👥 50 fois.

👥 Créez vos phrases, y compris avec les alternatives du globish.
📋 À écrire dans le registre.

Affirmation : en réponse oui/non aux questions

Can you swim?	Yes, I can, but Bob can't.
Can John speak Chinese?	Yes…, but Bill…
Can Jill show her car?	No…, but Betty…
Can George fly a plane?	Yes…, but Liz…
Can you smoke?	No…, but my father…

Interrogation : en formulant les questions correspondantes

You can't be everywhere.	Can you be everywhere?
Man can reach the moon.	…
I can employ you.	…
The police can stop this noise.	…
Trees can be yellow in the Fall.	…

Négation : en disant le contraire de la proposition

I I can work with him.	…
You can avoid them.	…
He can plan well.	…
They can destroy it.	…

🖥️ 🔊 👂 www.jpn-globish.com, chapitre U-3, et 🗣️ 50 fois.

🗣️ Créez vos phrases, d'abord en affirmation, puis en négation, enfin en interrogation. 📋 À écrire dans le registre :

Bob	(to stop) boat
an employee	(to open) box
your daughter	(to hold) the dog
the doctor	(to appoint) a secretary
that man	(to repair) the bridge
the general	(to control) his soldiers
Bob's father	(to wash) with soap
the strong men	(to load) gold, boat
you	(to hear) Fred's voice
a foreigner	(to understand) this joke
this old co-worker	(to open) the bottle

🖥️ 🔊 👂 www.jpn-globish.com, chapitre U-4, et 🗣️ 50 fois.

Au futur : les alternatives **permitted to** et **able to** sont préférables, et préférées le plus souvent même par les anglophones natifs. Ils ont aussi **allowed to**, pour lequel le globish propose **permitted to**, plus proche du français.

👥 Créez vos phrases en vous inspirant de la liste ci-dessus, et avec d'autres mots de l'étape. 📋 À écrire dans le registre.

🖥️ 🔊 👂 www.jpn-globish.com, chapitre U-5, et 👥 50 fois.

Bonus de l'étape : plusieurs, la plupart

> <u>**Several**</u> **friends of mine can't really speak english.**
> <u>**Most of**</u> **them can speak globish though.**
>
> Plusieurs de mes amis ne parlent pas réellement anglais.
> La plupart parlent néanmoins globish.

Voici comment exprimer une quantité peu précise :

	Singulier	Pluriel
chaque	*every* man	
plusieurs		*several* boys
du, de, la, des	*some* wine	*some* girls
n'importe quel	*any* wine	*any* player in the team
un peu de	*a little* whisky	
quelques		*a few* examples ☺ *Alternative globish* some examples
beaucoup	*much* traffic *a great deal of*	*many* cars *a great deal of* ☺ *Alternative globish* a good number of
totalité	*the whole* bottle	*all the* people
suffisant	*enough* money	*enough* people
peu de	*little* money	*few* people

Angloricaine curiosité : les fractions

one fifth = un cinquième

one thousandth = un millième

Un demi, un tiers, un quart, neuf seizièmes : *a half, a third, a fourth, nine sixteenths. One half of an orange* (une demi-orange), mais *half an hour, half a mile.*

La chanson de l'étape

« *I found my thrill on Blueberry Hill.* »

🖥 🔊 ⑨ Paroles sur www.jpn-globish.com. 🗩 Pratiquez toute la semaine.

Étape V {👄 vë}, Victor[1] {👄 vìk tɘr}

Les sons à maîtriser

Les sons pêle-mêle		Les sons pêle-mêle	
current	kèr ɘnt	wonderful	wùn dɘr fɘl
curtain	kèr tɘn	evidence	èv ɘ dɘns
season	së zɘn	committee	kɘ mìt ë
pilot	pï lɘt	deficit	dèf ɘ sìt
decide	dì sïd	interest	ìn trìst
after	àf tɘr	offer	òf ɘr
copy	kòp ë	purpose	pèr pɘs
defend	dì fènd	survive	sɘr vïv
hurry	hèr ë	vicious	vìsh ɘs
message	mès ìdj	million	mìl yɘn
define	dì fin	permanent	pèr mɘ nɘnt
arrest	ɘ rèst	arrive	ɘ rïv
ethnic	èth nìk	question	kwès tchɘn
forget	fɘr gèt	public	pùb lìk
invade	ìn väd	represent	rèp rì zènt
guilty	gìl të	advertise	àd vèr tïz

🖥️◀))👂 www.jpn-globish.com, chapitre V-1, et 👄 50 fois.

---

1. Prénom qui, par son origine latine, signifie « vainqueur ». Notre langue peut, avec Hugo, revendiquer l'écrivain classique le plus mondialement célèbre.

Je modifie le verbe par un auxiliaire d'appréciation : *must*

> **Ed must come tomorrow.**
> **You must have finished the paper by yesterday.**
> **We must discuss it as soon as he arrives.**
> Édouard devrait venir demain, tu as dû terminer le papier hier,
> nous devrons en discuter dès qu'il arrivera.

Au futur et au passé : **MUST**. À toutes les personnes qui conjuguent :
MUST.

1. Les formes et la construction

Affirmation

I	must	speak	globish

Interrogation : pas d'auxiliaire DO, DOES, DID, HAVE, HAS, HAD

I	must not	speak	english

2. Les principaux usages de *must*

Devoir, obligation

Selon mon appréciation des circonstances en question Il faut que je… Je dois…		☺ *Alternative globish*
Je dois	I must wait.	I have to wait.
		I've got to wait, I gotta wait.
	You must stay here.	You have to stay here.
		You've got to stay here.
		You gotta stay here.
Je devais	Must n'existe pas au passé	I had to wait.
Je devrai	You must do it tomorrow.	I will wait.
J'aurais dû		I should have waited.
Je devrais	Must n'existe pas au conditionnel	I should wait.

Probabilité forte

Certainement...		☺ *Alternative globish*
Il doit se trouver à Paris, il est certainement à Paris	*He must be in Paris.*	*He's got to be in Paris.* *I think he will probably be in Paris.* (futur) *I think he was probably in Paris.* (passé)

Créez vos phrases, d'après le tableau ci-après, y compris avec les alternatives du globish. À écrire dans le registre.

Affirmation : en réponse oui/non aux questions

Must Tim sit on a seat?	*Yes, Tim must, and Ellen has to also.*	Oui, Tim doit s'y asseoir, et Ellen en a l'obligation aussi.
Must they work seven days a week?		
Must the fat man sing now?		

Interrogation : en formulant les questions correspondantes

I must find a new job.	
You must employ me.	
The police must stop this noise.	

Négation : en disant le contraire de la proposition

I must avoid this problem.
She must hear me through the door.
They must be travelling.

Il y a une petite nuance entre ***she must not drive*** (elle ne doit pas conduire, interdiction) et ***she does not have to drive*** (elle ne doit pas conduire, elle n'est pas obligée de/n'a pas à conduire, absence d'obligation).

🖥️◀))🗣️ www.jpn-globish.com, chapitre V-2, et 👥 50 fois.

Bonus de l'étape : j'y pense, j'en discute

Paris?	*I come from there.*
The coming vote?	*We were just talking about it.*
Salt, do you have any?	*I have some/I have none.*
Do you remember our trip to Rome?	*I remember it well.*

Question : quel est le point commun entre ces 4 phrases ?

Réponse : toutes se traduisent par « en » ; nous en parlions, j'en ai, je n'en ai pas, je m'en souviens.

Beijing? (Pékin)	*I am going there soon.*
Don't forget your passport.	*I'll think of it.*

Même question : quel est le point commun entre ces 4 phrases ?

Réponse : « y » ; j'y vais, j'y penserai.

Angloricaine curiosité : les noms, prénoms, surnoms

	John	Fitzgerald	Jack	Kennedy
États-Unis	*First name*	*Middle Name*	*Nickname* (surnom)	*Last name* *Surname*
Grande-Bretagne	*Christian name*	Pas utilisé	*Nickname* familier, réservé aux intimes	*Family name*

Dwight David (« Ike ») Eisenhower : les condisciples d'Eisenhower enfant, trouvant son nom de famille imprononçable, l'avaient raccourci en « *Ike* », et le surnom lui est resté. Le résultat est que nombre d'Américains prénommés Dwight comme lui, sont, par contagion, appelés familièrement « *Ike* » de nos jours. Or « *Ike* » était le vrai surnom habituel d'Isaac, comme « Abe » est celui de Abraham (Lincoln par exemple), et n'avait rien à voir avec Dwight.

Alan devient « Al », mais c'est également le cas d'Alfonso (Al Capone) et d'Albert (Al Gore, naguère vice-président). « Al » peut de même correspondre à Alfred, qui peut tout autant se convertir en Fred ou Freddie, à l'instar de Fredrick.

Richard nous vaut Rich, Rick ou Dick (Richard Nixon était surnommé Tricky Dicky, ou Dickie, le rusé, à l'époque du Watergate mais aussi dans sa jeunesse, selon ses détracteurs). Comme « dick » signifie aussi « zizi » en argot, mieux vaut s'en méfier.

Sobriquet affectueux d'Edmond, Ed l'est aussi d'Edward, lequel peut en outre se transformer en Ted (ainsi le sénateur Ted Kennedy, de l'illustre famille). Mais Ted est également le diminutif de Theodore (Theodore Roosevelt, président américain de 1901 à 1909 ; depuis sa présidence, les ours en peluche sont toujours appelés « Teddy bears »).

Les prénoms de deux syllabes sont souvent raccourcis à une seule, et ceux de trois syllabes ou plus systématiquement à deux ou une. Le record est pour Elizabeth qui n'a pas moins de 33[1] formulations. Bref, c'est un peu « confusant », et la solution est de bien écouter ce qui se dit lors des présentations mondaines, et de l'imiter.

À l'heure du thé, dans le célèbre bureau ovale (Marilyn Monroe) :

Jack, just a drop of milk, please.

Bobby, can I have some sugar, please?

(*On what occasions did Marilyn wear only a few drops of Chanel #5?*)

La chanson de l'étape

« *Ol' Man river.* »

🖥 🔊 🗣 Paroles sur www.jpn-globish.com. 🗨 Pratiquez toute la semaine.

---

1. http://nameberry.com/list/11/Nicknames-for-Elizabeth

Étape W {👄 dùb ∂l yü}, Whisky[1] {👄 wìs kë}

Les sons à maîtriser

Les sons pêle-mêle		Les sons pêle-mêle	
final	fì n∂l	remember	rì mèm b∂r
iron	ï ∂rn	busy	bìz ë
perfect	p∂r fìkt	murder	mèr d∂r
issue	ìsh ü	champion	tchàm pë ∂n
prison	prìz ∂n	yesterday	yès t∂r dä
retire	rë tïr	congratulate	k∂ngràtch ü lät
coffee	kòf ë	device	dì vïs
daughter	dò t∂r	international	ìnt∂r nàsh ∂n ∂l
early	èr lë	education	èdj ∂ kä sh∂n
permit	p∂r mìt	manufacture	màny∂fàktch∂r
dollar	dòl ∂r	exercise	èk s∂r sïz
suffer	sùf ∂r	separate	sèp ∂ rìt
summer	sùm ∂r	science	sï ∂ns
father	fò dh∂r	understand	ùn d∂r stànd
swallow	swòl ö	yellow	yèl ö
village	vìl ìdj	tradition	tr∂ dìsh ∂n

🖥 ◄)) 👂 www.jpn-globish.com, chapitre W-1, et 👤 50 fois.

---

1. La Marine nationale a privilégié cette orthographe écossaise. De nombreux habitants du Nouveau Monde lui préféreraient « Whiskey » mais, en globish, les deux mots se prononcent pour vous de la même manière. *No problem…*

Je compare

1. Deux caractéristiques d'égale importance

> **January is <u>as</u> long <u>as</u> March.**
>
> Janvier est <u>aussi</u> long <u>que</u> mars.

☺ *Alternative globish*

January and March are equally long.

👤 Créez vos phrases. 📋 À écrire dans le registre :

April	June	long	…
Bob (40 years old)	John (40 years old)	old	…
her eyes	the sky	blue	…
a computer	a car	useful	…
I am happy	Fred	happy	…
the Rockies	the Alps	high	…

🖥🔊🎧 www.jpn-globish.com, chapitre W-2, et 👤 50 fois.

2. Deux caractéristiques dont l'une est plus importante que l'autre

> **Globish is simpl<u>er</u> and easi<u>er</u> than English.**
>
> Le globish est plus simple et plus facile que l'anglais.
>
> **A big Mercedes is <u>more</u> comfortable <u>than</u> a Golf.**
>
> Une grosse Mercedes est <u>plus</u> confortable qu'une Golf.

Pour les adjectifs d'<u>une</u> ou <u>deux</u> syllabes, on utilise … *-er… than*. Pour les adjectifs longs, on emploie *more… than*.

👤💬 Créez vos phrases en choisissant la forme qui convient. 📋 À écrire dans le registre :

the sea	*a river*	*deep*	…
a man	*a dog*	*intelligent*	…
a horse	*a pig*	*big*	…
a flower	*grass*	*beautiful*	…
a father	*his son*	*old*	…

🖥️ 🔊 👂 www.jpn-globish.com, chapitre W-3, et 👤💬 50 fois.

3. **Deux caractéristiques dont l'une est moins importante que l'autre**

> ***Norway is <u>less</u> hot <u>than</u> Egypt.***
> La Norvège est moins chaude que l'Égypte.

☺ *Alternative globish*

Finland is <u>not as</u> hot <u>as</u> Egypt.

👤💬 Créez vos phrases, y compris avec les alternatives du globish. 📋 À écrire dans le registre :

a cowboy	*a basketball player*	*tall*	…
a car	*an airplane*	*fast*	…
a TV series	*a good film*	*interesting*	…
the weather	*a good job*	*important*	…

🖥️ 🔊 👂 www.jpn-globish.com, chapitre W-4, et 👤💬 50 fois.

4. **Une caractéristique plus importante que toutes les autres**

> **D-day was <u>the</u> long<u>est</u> day for many sodiers in Normandy.**
>
> Le jour J a été le jour le plus long pour beaucoup
> de soldats en Normandie.
>
> **A Rolls-Royce is <u>the most</u> comfortable car.**
>
> La Rolls est la voiture la plus confortable.

Tout comme dans le paragraphe précédent, nous avons une forme différente pour les adjectifs courts et pour les adjectifs longs (***longest, happiest***, mais ***most difficult, most comfortable***).

Créez vos phrases à l'aide des éléments suivants. À écrire dans le registre :

winter	<u>cold</u> season	year	...
Chinese is	<u>complex</u> language	world	...
the Midwest is	fertile area	USA	...
Bob is	<u>bright</u> student	school	...
Bill Gates is	<u>rich</u> person	the U.S.	...

www.jpn-globish.com, chapitre W-5, et 50 fois.

Bien entendu, il y a quelques exceptions :

good bon	better than meilleur que	the best le meilleur
bad mauvais	worse than pire que	the worst le pire
far loin	farther than plus loin que	the farthest le plus loin

👤💬 Créez vos phrases en introduisant plus... que... 📋 À écrire dans le registre :

champagne	good	mousseux	...
fog	bad	rain	...
Vladivostok	far	Berlin	...
Côtes-du-Rhône	good wine	wine in the world	...
driving through the fog	bad	driving condition	...
Ushuaia	far	city in Argentina	...

🖥️ 🔊 www.jpn-globish.com, chapitre W-6, et 👤💬 50 fois.

5. De plus en plus, de moins en moins

> **Modern cars become <u>faster and faster</u>,
> but they fail <u>less and less</u> often.**
>
> Les voitures modernes sont <u>de plus en plus</u> rapides,
> mais tombent de <u>moins en moins</u> souvent en panne.
>
> **Modern cars become <u>more and more</u> comfortable,
> and <u>less and less</u> noisy.**
>
> Les voitures modernes sont <u>de plus en plus</u> confortables,
> et <u>de moins en moins</u> bruyantes.

👤💬 Créez vos phrases. 📋 À écrire dans le registre :

petrol (gas aux États-Unis)	costly...	...
human beings	(to live) long...	...
black/white TV sets	unusual...	...
in spring, nights	short...	...

🖥️ 🔊 www.jpn-globish.com, chapitre W-7, et 👤💬 50 fois.

Une caractéristique à un très haut degré s'exprime par l'adjonction, avant l'adjectif qui la décrit, de **very** (très), **extremely** (extrêmement), **most** (très, très).

Bonus de l'étape : *to go et to come*

Tout comme en français avec aller et venir, ces deux verbes traitent du même mouvement, mais avec des points de vue inversés.

I am coming from Paris. I am now in Lyons.
And I am going to Marseilles.

Je suis chez moi, on frappe, je dis : **Come in!** Mon visiteur et moi prenons un verre. Une heure plus tard, je lui dis : **Go out!** (et il sort).

Autre situation : je suis dans la cour et je l'invite à entrer pour un verre, je fais un geste pour qu'il me précède : **Go in!** (et il entre). Après le verre, je sors le premier, je l'appelle et lui dis : **Come out!**

Angloricaine curiosité : *mr so-and-so*

Mr so-and-so came to see you, Sir!
Monsieur Untel est venu vous voir, Monsieur !

À savoir aussi :

À Trifouillis-les-oies	*In the boon-docks*
À perpète	*In the middle of nowhere*
M. Machin-Chouette	*Mr What's his name*

La chanson de l'étape

« *How much is that dog in the window?* »

📺 🔊 🗣 Paroles sur www.jpn-globish.com. 🗨 Pratiquez toute la semaine.

Étape X {⬯ èks}, X-Ray[1] {⬯ èks rä}

Les sons à maîtriser

Les sons pêle-mêle		Les sons pêle-mêle	
along	∂ lòng	every	èv rë
succeed	sèk sëd	agriculture	àg r∂ kùl tch∂r
secret	së krìt	estimate	ès t∂ mìt
direct	dì rèkt	investigate	ìn vès t∂ gät
evil	ë v∂l	minister	mìn ìs t∂r
chain	tchän	attach	∂ tàtch
hijack	hï djàk	moral	môr ∂l
model	mòd ∂l	skeleton	skèl ∂ t∂n
office	òf ìs	information	ìn f∂r mä sh∂n
often	òf ∂n	sacrifice	sàk r∂ fìs
flower	flou ∂r	satisfy	sàt ìs fï
pocket	pòk ìt	enemy	èn ∂ më
touch	tùtch	communicate	k∂ myü n∂ kät
trouble	trùb ∂l	probable	pròb ∂ b∂l
event	ì vènt	parallel	pàr ∂ lèl
profit	prò fìt	satellite	sàt ∂ lït

🖥️ 🔊 🎧 www.jpn-globish.com, chapitre X-1, et 👤 50 fois.

---

1. Les rayons X, découverts en 1895 par Röntgen, et qui permettent au radiologue de vous assurer que votre intérieur va aussi bien que vous le souhaitez.

Je dis « il y a » :
there is, there are, there was, there were

There are several reports ready for the conference.
Il y a plusieurs rapports prêts pour la conférence.

There is a report in my in-coming mail.
Il y a un rapport dans mon courrier entrant.

Traduction : il y a, il n'y a pas. En français, la forme verbale reste inchangée au singulier comme au pluriel, alors que la forme verbale anglaise prend la marque du pluriel, si justifié.

Au présent de base

Affirmation	Négation	☺ *Alternative globish*	Interrogation
There is an exception.	*There is not an exception. There isn't an exception.*	*There is no exception.*	*Is there an exception?*
There are exceptions	*There aren't (are not)…*	*There are no…*	*Are there…?*

Créez les autres temps et les autres formes de l'expression « il y a ».
À écrire dans le registre :

Futur de base	Il y aura	…
Passé de base	Il y avait	…
Conditionnel	Il y aurait	…
Avec **CAN** ou **MAY**	Il peut y avoir	…
Avec **MUST**	Il doit y avoir	…
Avec *going to*	Il va y avoir	…
Avec *just*	Il vient d'y avoir	…
Avec **SHOULD**	Il devrait y avoir	…
Avec *used to*	Il y avait d'habitude	…
Avec **MIGHT**	Il pourrait y avoir	…

www.jpn-globish.com, chapitre X-2, et 50 fois.

Les mots brefs pour localiser les choses et les gens : *in* (dans), *behind* (derrière), *out of* (hors de), *on* (sur), *under* (sous), *above* (au-dessus de), *near* (près de), *in front of* (devant), *in the corner of* (dans le coin de).

Créez des phrases, en variant les formes du verbe, par exemple : *There is* a hat on the table ou *There are* hats…

Mariez un mot de la colonne de droite avec un autre choisi dans celle du milieu, et avec un troisième dans celle de gauche, de manière à construire une expression correcte : *There are birds in the middle of the library* ne marche pas trop bien… Exemple à suivre donné ici en caractères gras.

À écrire dans le registre :

a blue sky	under	library
light	**above**	picture
child (children)	in the middle of	ship
fight	in the center of	bridge
spy (pl. spies)	near	river
sign	out of	**village**
island	behind	building
birds	on	city
prison	in	Piazza San Marco

www.jpn-globish.com, chapitre X-3, et 50 fois.

Créez d'autres phrases en procédant de même, mais en les tournant à la forme négative.

Créez des phrases comportant une interrogation sur les mêmes thèmes. À écrire dans le registre.

www.jpn-globish.com, chapitre X-4, et 50 fois.

Bonus de l'étape : *to rise, to raise*

In the morning, the sun rises in the sky.	Il se lève tout seul.
Bob falls down and can't get up : I raise him.	Je le relève.

Exemples

If you are ready to vote for globish, please raise your hand.	Si vous êtes prêts à voter pour le globish, levez la main.
On Sundays, I rise late.	Le dimanche, je me lève tard.
This mother is raising five children.	Cette mère élève cinq enfants.

Angloricaine curiosité : *to be born, to be worth*

naître/valoir

Verbes atypiques : c'est la partie ***to be*** qui se conjugue.

	Passé	Présent	Futur
to be born	*I was born in 1936.*	*Look! The little cats are born.*	*Her baby will be born in June.*
to be worth	*A computer was worth a lot in the 70s.*	*It is worth much less now.*	*Soon, it may be worth next to nothing.*

La chanson de l'étape

« *I could have danced all night.* »

⬛ 🔊 🗣 Paroles sur www.jpn-globish.com. 👤 Pratiquez toute la semaine.

Étape Y {👄 wï}, Yankee[1] {👄 yàng kë}

Les sons à maîtriser

Les sons pêle-mêle		Les sons pêle-mêle	
📚	👄	📚	👄
navy	nä vë	anniversary	àn ∂ vèr s∂ rë
order	ôr d∂r	condition	k∂n dish ∂n
covers	kùv ∂rs	offensive	∂ fèn sìv
shelter	shèl t∂r	several	sèv ∂r ∂l
affect	∂ fèkt	fierce	fërs
degree	dì grë	emergency	ë mèr dj∂n së
letter	lèt ∂r	independent	in dì pèn d∂nt
research	rì sèrtch	debate	dì bät
ballot	bàl ∂t	surface	sèr fìs
female	fë mäl	torture	tôr tch∂r
tongue	tùng	especially	ès pèsh ∂l ë
exchange	èks tchändj	ammunition	àm y∂ nish ∂n
spirit	spir ìt	compete	k∂m pët
city	sit ë	awake	∂ wäk
exist	èg zist	capital	kàp ∂ t∂l
riot	rï ∂t	never	nèv ∂r

🖥 🔊 👂 www.jpn-globish.com, chapitre Y-1, et 🗣 50 fois.

---

1. Initialement, surnom des habitants de la Nouvelle-Angleterre (Nord-Est des États-Unis), plus tard employé pour distinguer les soldats de l'Union de ceux de la Confédération pendant la guerre de Sécession américaine, et à présent généralisé à tous les étatsuniens.

Some, any, no, not… any, none

> **Do you own <u>any</u> company shares?**
> As-tu des actions de la société? (quantité indéfinie)
>
> **Yes, I have <u>some</u> company shares, I have <u>some</u>.**
> Oui, j'ai des actions de la société. J'en ai.
>
> **I don't have <u>any</u> company shares, I have none.**
> Non, je n'ai pas d'actions de la compagnie. Je n'en ai pas.

☺ *Alternative Globish*

I have no company shares.

Pour exprimer une certaine quantité de :

Affirmation :	*some*
Négation :	*not any, no, none*
Interrogation :	*any…?*

Créez vos phrases sur le modèle ci-dessus (les actions de la société). À écrire dans le registre.

to eat vegetables	Affirmation : …
	Négation : …
	Question : … ?
to have pictures of the hotel	Affirmation : …
	Négation : …
	Question : … ?
to want help	Affirmation : …
	Négation : …
	Question : … ?
to receive news from our friends	Affirmation : …
	Négation : …
	Question : … ?

www.jpn-globish.com, chapitre Y-2, et 50 fois.

Some, any et ***no*** peuvent se combiner avec : ***body, one, thing, where*** (quelqu'un, quelque chose, quelque part).

Can you see anybody in the street? (ou *anyone*)	Peux-tu voir quelqu'un dans la rue ?
Yes, I can see somebody (someone).	Oui, je peux voir quelqu'un.
No, I can't see anybody (anyone). (ou : *I can see nobody,* ou *I can see no one*)	Non, je ne peux voir personne.

Créez vos phrases : complétez avec ***-body, -one, -where, -thing***. À écrire dans le registre.

Question : *Can anybody read your e-mails?*
Négation : *Nobody can read my e-mails.*
Affirmation : …
Question : *Can you see anything under the seat?*
Négation : …
Affirmation : …
Question : … ?
Négation : …
Affirmation : *I am going somewhere (but I won't tell you where).*

www.jpn-globish.com, chapitre Y-2, et 50 fois.

Every

Pour exprimer *chaque, tous*.

Se combine lui aussi avec ***body, one, thing, where***.

> ***On this Board of Directors, <u>everybody</u> can vote,
> and everyone will.***
>
> Dans ce conseil d'administration, chaque personne peut voter,
> et tout le monde le fera.
>
> ***<u>Everything</u> was destroyed by the fire in my house.***
>
> Tout a été détruit par l'incendie de ma maison.
>
> ***The wind spreads the leaves <u>everywhere</u> in the garden.***
>
> Le vent répand les feuilles partout dans le jardin.

Créez vos phrases en remplaçant les blancs par un mot convenable extrait du tableau de synthèse qui suit. À écrire dans le registre :

The bottle is empty : there is __________ in it.

__________ knows that Notre-Dame is in Paris.

I was born __________ in the Southern Alps.

__________ knows my secret.

There is __________ wrong with the engine.

Customs control : Have you __________ to declare ?

I have no home. I have __________ to sleep.

Sh! __________ is listening to us.

Does __________ want a drink ?

I have no bags. I carry __________ in my pocket.

Get out! Go __________ but don't stay here!

There are travellers __________ in the airport.

Synthèse

	one	*body*	*thing*	*where*
Any	*anyone*	*anybody*	*anything*	*anywhere*
No…	*none* (rien) *no one* (personne)	*nobody*	*nothing*	*nowhere*
Every…	*everyone*	*everybody*	*everything*	*everywhere*
Some…	*someone*	*somebody*	*something*	*somewhere*

🖥🔊🗣 www.jpn-globish.com, chapitre Y-4, et 👤 50 fois.

Bonus de l'étape : il me reste, je reste

Exemples

The train is leaving in 15 minutes. *We have 15 minutes left for a cup of coffee.*	Il nous reste 15 min.
On Sunday mornings, I stay in bed until *12 o'clock.*	Le dimanche matin, je reste au lit jusqu'à midi.
Admiral Horatio Nelson had lost an arm *and an eye in the service of his country :* *he had one arm and one eye left.*	Il lui restait un œil et un bras.
Monica is sick today : she doesn't go to work, *she stays at home.*	Elle reste à la maison.

Angloricaine curiosité :
ballon ovale ou rond ?

En français	États-Unis	Grande-Bretagne	Type de ballon ou balle
football	*soccer*	*association football* *(soccer)*	rond
rugby	pratiquement inconnu	*rugby football (rugger)*	ovale
football américain	*football*	*American football*	ovale (plus petit)
base-ball	*baseball*	pratiquement inconnu	ronde (petite)

La chanson de l'étape

« I left my heart in San Francisco. »

🖥 🔊 👂 Paroles sur www.jpn-globish.com. 🗣 Pratiquez toute la semaine.

Étape Z {⇔ zèd et zë), Zulu[1] {⇔ zü lü)

La lettre Z se dit « zèd » à Londres et « zë » à New York.

Les sons à maîtriser

Les sons pêle-mêle		Les sons pêle-mêle	
📚	⇔	📚	⇔
angle	àng gƏl	automatic	ò tƏ màt ìk
carry	kàr ë	desire	dì zïr
forbid	fƏr bid	professor	prƏ fès Ər
circle	sèr kƏl	receive	rì sëv
decrease	dì krës	experience	èk spër ë Əns
account	Ə kount	surrender	sƏ rèn dƏr
bullet	bûl ìt	create	krë ät
system	sis tƏm	idea	ï dë Ə
betray	bì trä	passport	pàs pôrt
expect	èk spèkt	request	rì kwèst
happy	hàp ë	headquarters	hèd kwôr tƏrz
invest	ìn vèst	senate	sèn ìt
mercy	mèr së	refugee	rèf yƏ djë
marry	màr ë	device	dì vïs
object	òb djìkt	environment	èn vï rƏn mƏnt
holy	hòl ë	escape	ès käp

🖥 🔊 🗩 www.jpn-globish.com, chapitre Z-1, et 👤 50 fois.

---

1. Zoulou : peuple noir de langue bantoue, en Afrique du Sud, dans la province du Natal (aujourd'hui Kwazulu-Natal). C'est en les combattant, dans les rangs de l'armée anglaise, que fut tué le prince impérial, enfant unique de l'empereur Napoléon III et de l'impératrice Eugénie.

Je m'exprime à la forme passive

> **My car is washed by my employee.**
>
> Ma voiture est lavée par mon employé.

☺ *Alternative globish*

My employee washes my car.

Exemples

	Actif	Passif
Passé de base	*My employee washed*	*My car was washed*
Futur de base	*My employee will wash*	*My car will be washed*
Conditionnel	*He would wash*	*My car would be washed*
Présent récapitulatif	*He has washed my car for…* (ou *since…*)	*My car has been washed by my employee for… (ou since…)*

👤 Créez vos phrases :

📋 À écrire dans le registre.

Bob will write a paper.	*A paper…*
The player made a point.	*A point…*
Policemen have arrested people for centuries.	*People…*
Cars kill dogs.	*Dogs are…*
The teacher punished Bob.	…
He will publish his book in May.	…
They will choose Paris for the Olympics.	…
Many people listen to him.	*He…*

🖥 ◀)) 💬 www.jpn-globish.com, chapitre Z-2, et 👤 50 fois.

En anglais, on dira :

A gun is given to each soldier by the officer.
Un fusil est donné à chaque soldat (par le capitaine).

Mais on peut dire aussi :

Each soldier is given a gun by the officer.
Chaque soldat s'est fait donner un fusil par l'officier.

☺ *Alternative globish*

The officer gives a gun to each soldier ou The officer gives each soldier a gun. L'officier donne à chaque soldat un fusil.

My car has been stolen.
On a volé ma voiture.

☺ *Alternative globish*

Somebody has stolen my car, ou They have stolen my car.

He is said to be a good doctor.
On dit que c'est un bon docteur.

☺ *Alternative globish*

People say that he is a good doctor, ou They say he is a good doctor.

I was told she is an excellent employee.
J'ai entendu dire que c'était une excellente collaboratrice.

☺ *Alternative globish*

Someone told me that she is an excellent employee.

Bonus de l'étape :
still, no more, no longer, not yet

Exemples

Today is voting day.	*C'est jour d'élection aujourd'hui.*
The candidates are <u>no longer</u> longer (no more) campaigning	*Les candidats ne font plus campagne*
But are <u>still</u> candidates	*Mais sont toujours (encore) candidats*
The one I like better is not yet president of the USA	*Celui que je préfère n'est pas encore président des États-Unis*
He could be sworn-in in January.	*Il pourrait prêter serment en janvier.*

It is 12:00 midnight: she is in her bathroom, getting ready to go to bed. She was watching TV before this.

(no longer)   →   She is no longer watching TV.

(still)   →   She is still in her bathroom.

Inattendu : « Bis !! » (bisser) au théâtre se dit « ***Encore !*** » en anglais.

Angloricaine curiosité : « c'est dommage »

<u>It's too bad</u> you didn't know globish earlier.

<u>It's a shame</u> you didn't know globish earlier.

C'est dommage que tu n'aies pas connu le globish plus tôt.

La chanson de l'étape

« C'est magnifique. »

🖥 🔊 ⏺ Paroles sur www.jpn-globish.com. 👤 Pratiquez toute la semaine.

Ultime idée pour votre progression

Cet ouvrage ne pouvait s'autoriser une taille pharaonique. Quelques idées en ont été écartées pour des raisons de volume. Maintenant que vous vous trouvez au terme de votre étude, nous vous recommandons avec insistance de vous rendre sur www.jpn-globish.com, site que vous connaissez bien déjà, et de cliquer sur « ultimes suggestions ». Vous y trouverez :

- Un avertissement sur les mots spécifiques à votre métier, ou industrie, qui doivent s'ajouter à ceux du globish pour permettre votre communication professionnelle.

- La liste des mots du globish, étudiés ici étape par étape, avec leurs principales traductions en français. À télécharger.

- Des chemins vers des logiciels capables d'examiner vos écrits, d'y signaler à votre attention les mots au-delà de la recommandation du globish, dont l'emploi nuirait à la compréhension de votre message, écrit ou déclamé, pour tous les destinataires non anglophones de naissance (au moins 88 % de l'humanité). Il vous sera alors facile, à l'aide de Wordweb, de les remplacer par les vocables simples et universellement accessibles, sans altérer la substance de votre message. Vous aurez gagné et atteint votre objectif : être compris pas le plus grand nombre possible de vos lecteurs ou auditeurs. Ils vous en seront tous reconnaissants.

- Un cours de globish complémentaire, par une approche très différente de celle de ce livre ; il sera facilement accessible pour vous maintenant, et confortera votre maîtrise de l'outil.

Best of luck !

Épilogue

N'oubliez pas de prendre plaisir à communiquer en globish, d'éprouver la récréation intellectuelle, musculaire et physique que vous procurera le fait d'émettre des sons nouveaux pour vous, de dire des mots ignorés hier encore, et de comprendre les autres. Tout comme faire l'amour, s'exprimer en globish est une activité dont la performance dépend pour moitié du cérébral, et pour moitié du physique. Il en va de même de la création, comme de la perception de la beauté, de la musique, de la peinture, de la cuisine. Comprendre y aide, pratiquer est essentiel, mais y trouver du plaisir, sans inhibition et sans complexe, demeure un but ultime, et le meilleur moyen d'y parvenir sans défaillance. Nous espérons que ce livre vous aura aidé sur ce chemin vers un objectif accessible parce que délibérément limité.

Les 1 500 mots du globish

a
able
about
above
accept
accident
account
accuse
across
act
activist
actor
add
administration
admit
adult
advertisement
advise
affect
afraid
after
again
against
age
agency
aggression
ago
agree
agriculture
aid
aim
air
air force
airplane
airport
album
alive
all
ally
almost

alone
along
already
also
although
always
ammunition
among
amount
anarchy
ancestor
ancient
and
anger
angle
angry
animal
anniversary
announce
another
answer
any
apologize
appeal
appear
apple
appoint
approve
area
argue
arm
army
around
arrest
arrive
art
artillery
as
ash
ask

assist
astronomy
at
atmosphere
attach
attack
attempt
attend
attention
authority
automatic
automobile
autumn
average
avoid
awake
award
away
baby
back
bad
bag
balance
ball
balloon
ballot
ban
bank
bar
barrier
base
basket
battle
be
beat
beautiful
because
become
bed
before

begin
behind
believe
bell
belong
below
bend
best
betray
better
between
big
bill
billion
biology
bird
birth
bite
black
blade
blame
blanket
bleed
blind
block
blood
blow
blue
board
boat
body
bomb
bone
book
border
born
borrow
both
bottle
bottom

box
boy
boycott
brain
brake
branch
brass
brave
bread
break
breathe
brick
bridge
brief
bright
bring
broadcast
brother
brown
brush
budget
build
building
bullet
burn
burst
bury
bus
business
busy
but
butter
button
buy
by
cabinet
call
calm
camera
camp
cam**pai**gn
can
cancel
cancer
candidate

capital
capture
car
card
care
careful
carriage
carry
case
cash
cat
catch
cause
celebrate
center
century
ceremony
certain
chain
chairman
champion
chance
charge
chase
cheer
cheese
chemical
chemistry
chest
chief
chil
choose
church
circle
citizen
city
ci**vi**lian
claim
clash
clean
clear
climate
climb
clock
close

cloth
cloud
coal
coast
coat
coffee
cold
collar
col**lect**
college
colony
color
com**bine**
come
comfort
com**mand**
comment
com**mittee**
common
com**mu**nicate
com**mu**nity
company
com**pare**
com**pete**
com**ple**te
complex
compromise
com**pu**ter
con**cern**
con**demn**
con**di**tion
conference
con**firm**
con**gra**tulate
congress
con**nect**
con**ser**vative
con**si**der
con**tain**
continent
con**tin**ue
con**trol**
con**ven**tion
cook
cool

co**o**perate
copy
cork
corn
cor**rect**
cost
cotton
count
country
court
cover
cow
crash
cre**ate**
creature
credit
crew
crime
criminal
crisis
criticize
crush
cry
culture
cup
cure
current
curtain
custom
cut
damage
dance
danger
dark
date
daughter
day
dead
deaf
deal
dear
de**ba**te
debt
de**ci**de
de**cla**re

decrease
deep
defeat
defend
deficit
define
degree
delay
delicate
demand
democracy
demonstrate
denounce
deny
depend
deploy
depression
describe
desert
design
desire
destroy
detail
develop
device
dictator
die
diet
different
dig
dinner
diplomat
direct
direction
dirt
disappear
disarm
discover
discuss
disease
disk
dismiss
dispute
dissident
distance

divide
do
doctor
document
dog
dollar
door
doubt
down
drain
dream
dress
drink
drive
drop
drug
dry
during
dust
duty
each
ear
early
earn
earth
ease
east
easy
eat
ecology
economy
edge
education
effect
effort
egg
eight
either
elastic
electricity
eleven
else
embassy
emergency
emotion

employ
empty
end
enemy
energy
enforce
engine
engineer
enjoy
enough
enter
environment
equal
equipment
escape
especially
establish
estimate
ethnic
evaporate
even
event
ever
every
evidence
evil
examine
example
excellent
except
exchange
excuse
execute
exercise
exile
exist
expand
expect
experience
experiment
expert
explain
explode
explore
export

express
extend
extra
extreme
eye
face
fact
factory
fail
fair
fall
false
family
famous
far
fast
fat
father
fear
feather
feed
feel
female
fertile
few
field
fierce
fifteen
fifth
fifty
fight
fill
film
final
finance
find
fine
finger
finish
fire
firm
first
fish
fist
fit

five	gas	hear	**hus**band
fix	**ga**ther	heart	I
flag	**ge**neral	heat	ice
flat	get	**hea**vy	id**e**a
float	gift	**he**licopter	id**en**tify
floor	girl	help	if
flow	give	her	ill
flower	glass	here	il**le**gal
fluid	go	hers	i**ma**gine
fly	goal	hide	im**me**diate
fog	god	high	im**port**
follow	gold	**hi**jack	imp**o**rtant
food	good	hill	imp**ro**ve
fool	**go**vern	him	in
foolish	**go**vernment	his	**in**cident
foot	grass	**hi**story	in**clu**de
for	great	hit	**in**crease
for**bid**	green	hold	indep**en**dent
force	grey	hole	indi**vi**dual
foreign	ground	**ho**liday	**in**dustry
forest	group	**ho**llow	in**fect**
for**get**	grow	**ho**ly	in**fla**tion
for**give**	**gua**rantee	**ho**me	**in**fluence
form	guard	**ho**nest	inf**or**m
former	guide	**ho**nor	infor**ma**tion
forty	guilty	hope	in**ject**
forward	gun	**ho**rrible	**in**jure
four	hair	horse	**in**nocent
frame	half	**hos**pital	ins**ane**
free	halt	**hos**tage	ins**pect**
fr**ee**dom	hand	**hos**tile	inst**ead**
freeze	hang	hot	**ins**trument
fresh	**ha**ppen	**ho**tel	**ins**ult
friend	**ha**ppy	hour	in**su**rance
frighten	hard	house	in**te**lligence
from	**har**mony	how	int**en**se
front	hat	**ho**wever	**in**terest
fruit	hate	huge	inter**fe**re
fuel	have	**hu**man	inter**na**tional
full	he	**hu**mor	**in**to
fun	head	**hun**dred	in**va**de
future	headquarters	**hun**ger	inv**ent**
gain	heal	hunt	in**vest**
game	health	**hu**rry	inv**es**tigate
garden	**heal**thy	hurt	in**vi**te

involve
iron
island
issue
it
jacket
jail
jewel
job
join
joint
joke
judge
jump
jury
just
keep
key
kick
kill
kind
kiss
kit
knife
know
knowledge
labor
laboratory
lack
lake
land
language
large
last
late
laugh
law
lead
leak
learn
leave
left
leg
legal
lend

less
letter
level
library
lie
life
lift
light
like
limit
line
link
lip
liquid
list
listen
little
live
load
loan
local
lock
long
look
loose
lose
loud
love
low
loyal
luck
machine
magazine
mail
main
majority
make
male
man
manufacture
many
map
march
mark
market

marry
match
material
matter
may
mayor
meal
mean
measure
meat
media
medicine
meet
member
memory
mental
mercy
message
metal
method
middle
might
military
milk
million
mind
mine
minister
minor
minute
miss
mist
mistake
mix
mob
model
moderate
modern
money
month
moon
moral
more
morning
most

mother
mountain
mouth
move
movie
much
murder
muscle
music
must
my
mystery
nail
name
narrow
nation
native
natural
navy
near
necessary
neck
neither
nerve
neutral
never
new
news
next
nice
night
nine
ninth
no
noise
nominate
noon
normal
north
nose
not
note
nothing
now
nowhere

nuclear
number
obey
object
observe
occupy
ocean
of
off
offensive
offer
office
officer
official
often
oil
old
on
once
one
only
open
operate
opinion
opposite
oppress
or
orange
order
organize
other
our
ours
oust
out
over
owe
own
page
pain
paint
pan
pants
paper
parade
parallel
parcel
parent
parliament
part
party
pass
passenger
passport
past
paste
path
patient
pay
peace
pen
pencil
people
percent
perfect
perform
period
permanent
permit
person
physical
picture
piece
pig
pilot
pipe
place
plan
plant
plastic
plate
play
please
plenty
pocket
point
poison
police
policy
politics
pollute
poor
popular
population
port
position
possess
possible
postpone
potato
pour
powder
power
praise
pray
pregnant
present
president
press
pressure
prevent
price
print
prison
private
prize
probable
problem
process
produce
professor
profit
program
progress
project
property
propose
protect
protest
prove
provide
public
publish
pull
punish
purchase
pure
purpose
push
put
quality
question
quick
quiet
quit
race
radar
radiation
radio
raid
rail
rain
raise
rare
rate
ray
reach
react
read
ready
real
realistic
reason
receive
recession
recognize
record
recover
red
reduce
refugee
refuse
regret
reject
relation
release
religion
remain
remember
remove

repair
repeat
report
represent
request
require
rescue
research
resign
resist
resolution
resource
respect
responsible
rest
restrain
result
retire
return
revolt
reward
rice
rich
ride
right
riot
rise
risk
river
road
rob
rock
rocket
roll
roof
room
root
rope
rough
round
rubber
ruin
rule
run
sabotage

sacrifice
sad
safe
sail
salt
same
sand
satellite
satisfy
save
say
scale
school
science
search
season
seat
second
secret
security
seek
seem
seize
seldom
self
sell
senate
send
sense
sentence
separate
series
serious
serve
set
settle
seven
several
severe
sex
shade
shake
shall
shame
shape

share
sharp
she
shelf
shell
shelter
shine
ship
shirt
shock
shoe
shoot
short
should
shout
show
shrink
shut
sick
side
sign
signal
silence
silk
silver
similar
simple
since
sing
single
sister
sit
situation
six
size
skeleton
skill
skin
skirt
sky
slave
sleep
slide
slip
slow

small
smash
smell
smile
smoke
smooth
snake
sneeze
snow
so
soap
social
society
soft
soil
soldier
solid
solve
some
son
soon
sort
soul
sound
south
space
special
speech
speed
spend
spirit
sport
spread
spring
spy
square
stand
star
start
starve
station
statue
stay
steal
steam

steel	swear	third	trick
step	sweet	thirteen	trip
stick	swim	thirty	troop
still	**sym**pathy	this	**trou**ble
stomach	**sys**tem	though	truck
stone	table	thought	true
stop	tail	th**ou**sand	trust
store	take	**threa**ten	try
storm	talk	three	tube
story	tall	through	turn
straight	**tar**get	throw	twelve
strange	taste	tie	t**wen**ty
street	tax	tight	twice
stretch	tea	time	two
strike	teach	tin	under
strong	team	**ti**red	under**stand**
st**ruc**ture	tear	to	u**ni**te
struggle	**tec**hnical	**to**day	**u**niverse
study	tech**no**logy	to**ge**ther	uni**ver**sity
stupid	**te**lephone	to**mo**rrow	un**less**
subject	**te**levision	tongue	un**til**
substance	tell	**to**night	up
substitute	ten	too	urge
succeed	term	tool	**ur**gent
such	**te**rrible	tooth	us
sudden	**te**rritory	top	use
suffer	**te**rror	**tor**ture	**u**sual
sugar	test	**to**tal	**va**lley
suggest	than	touch	**va**lue
summer	thank	**to**ward	**ve**getable
sun	that	town	**ve**hicle
supervise	the	trade	**ve**rsion
supply	theater	tra**di**tion	**ve**ry
support	their	**tra**ffic	**ve**to
suppose	theirs	train	**vi**cious
suppress	them	**tra**nsport	**vic**tim
sure	then	tra**v**el	**vic**tory
surface	**the**ory	trea**s**on	**vi**llage
sur**pri**se	there	**trea**sure	**vio**late
sur**ren**der	these	treat	**vio**lence
surr**ound**	they	**trea**tment	**vi**sit
sur**vi**ve	thick	**trea**ty	voice
sus**pect**	thin	tree	vote
sus**pend**	thing	trial	wage
swallow	think	tribe	wait

walk
wall
want
war
warm
warn
wash
waste
watch
water
wave
way
we
weak
wealth
weapon
wear
weather
week

weight
welcome
well
west
wet
what
wheat
wheel
when
where
which
while
white
who
whole
why
wide
wife
wild

will
win
wind
window
wine
wing
winter
wire
wise
wish
with
withdraw
with**out**
woman
wonder
wonderful
wood
wool
word

work
world
worry
worse
worth
wound
wreck
write
wrong
year
yellow
yes
yesterday
yet
you
young
your
yours
zero

Mise en page : STDI
Dépôt légal : mars 2017
Imprimé en Allemagne par BoD